A.Vogel für Geniesser

Natürlich frisch und gesund

A.Vogel

 Postfach 63, CH 9053 Teufen AR **Projektleitung** Clemens Umbricht, Verlag A.Vogel AG **Konzept und Text** Ingrid Schindler, St.Gallen **Rezepte und Fotoküche** Felix Häfliger, St.Gallen **Styling** Felix Häfliger und Tricia Bauman, St.Gallen **Fotos** Tricia Bauman, St.Gallen **Gestaltung** Vitamin 2 AG, St.Gallen **Druck** Eberl GmbH, Graphische Betriebe, Immenstadt **ISBN** 978-3-906404-21-9

“Was würde uns zum Essen und Trinken anspornen, wenn damit kein Genuss verbunden wäre?„

Alfred Vogel

Inhalt

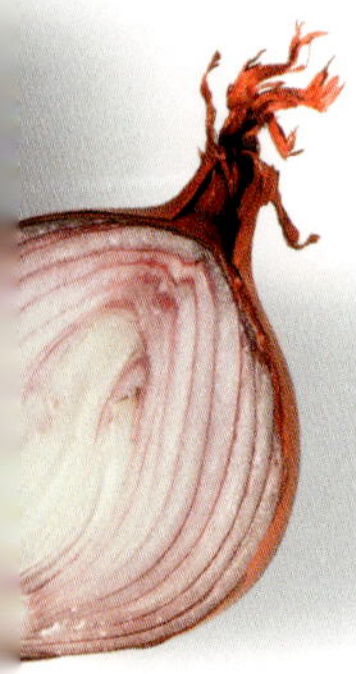

Aus Liebe zur Natur

Alfred Vogels Leben und Werk und der Stellenwert gesunder Ernährung

Schmucke Flaschen mit blutrotem Johannisöl auf lichtdurchfluteter Fensterbank, Gläser mit blauen Blüten in Alkohol in Reih' und Glied, Bottiche mit angesetztem Kraut, Regalreihen voller Honig, Reis und Datteln, frisch geschnittene Kräuter, die zum Trocknen von der Decke hängen, Siebe mit Blättern für Tee ... Die Welt Alfred Vogels in Teufen ist voller Düfte, Farben und faszinierender Ingredienzien aus der Natur. Bienen und Hummeln summen und surren um Tausende von Blüten zwischen Himbeerstauden, Wildrosen, Sonnenhüten, Mariendisteln, Melissen und Lein, und hinter Igelhügeln und Ameisenhaufen blöken Schafe. Holzhäuser, Gewächshäuser, ein Tipi, einladende Sitzplätze, eine Gruppe von Besuchern, die eine Tinktur herstellen lernen. Im Bistro duftet es nach Steinpilzrisotto, Bambu-Frappee und Vollkorngebäck. Gesunder Genuss und Natur pur in einer Appenzeller Bilderbuchidylle – so präsentiert sich das A.Vogel-Gesundheitszentrum in Teufen.

Auch wenn man am anderen Ende der Welt, zum Beispiel in Australien, ein Reformhaus betritt, kann es passieren, dass man auf Produkte des Schweizer Pioniers der Naturheilkunde stösst. In Kanada springt einem vielleicht Herbamare ins Auge, in Südafrika begegnet man möglicherweise Molkosan oder in Indien Echinaforce. Auch in Europa kennt man A.Vogel-Nahrungs- und -Heilmittel von Helsinki bis Gibraltar.

Erstaunlich weit über die Grenzen der Schweiz hinaus ist Alfred Vogel als «Nature Doctor» und Hersteller von Frischpflanzenpräparaten und Nahrungsmitteln bekannt. Manch einer hat ihn noch persönlich als Kräutersammler, brillanten Redner, Forschungsreisenden, Naturarzt, Kurhausbetreiber, Unternehmer oder Plantagenbesitzer, Bestsellerautor und Verfasser der «Gesundheits-Nachrichten» erlebt. Was Alfred

Vogel auch alles war, immer war er Pionier, seiner Zeit voraus. Und immer war er im Kern ein «Ernährungstherapeut», wie er sich selbst in der ersten seiner zahlreichen Schriften mit dem Titel «Kleiner Wegweiser für die Lebensreform» von 1926 bezeichnete. Sein Interesse und sein Engagement für eine gesunde, naturbelassene, vollwertige Ernährung zieht sich wie ein roter Faden durch sein Leben. Er war einer derjenigen, die den Spruch «Du bist, was du isst» mit Inhalt füllten, und sein Leben lang um «die Kunst, richtig zu essen» bemüht. Schon für den ganz jungen Alfred Vogel ist die Ernährung der Schlüssel zur Gesundheit: Sie kann Krankheiten fördern oder sogar auslösen, wenn man sich falsch ernährt, und auf der anderen Seite dank des ihr innewohnenden Heilpotentials genau das Gegenteil bewirken. Denn «die Natur heilt alles», lautet Vogels Maxime, «und gibt uns alles, was wir zum Schutz und zur Erhaltung der Gesundheit brauchen».

Alfred Vogel verfügte über ein ausserordentliches Kommunikationstalent und erreichte mit seinen Vorträgen und Veröffentlichungen ein grosses Publikum. Seine Ansichten über «Die Nahrung als Heilfaktor» legte er bereits 1935 in seiner ersten grösseren Buchpublikation unter dem gleichnamigen Titel dar. Wie der Untertitel verspricht, geht es darin um «Erstaunliche Wirkungen einer naturgemässen Ernährung unter Berücksichtigung richtiger Qualität, Quantität, zweckmässiger Zusammenstellung und Zubereitung», konkrete Rezepte inklusive. Wer war der Mann, der sich schon in frühen Jahren intensiv mit Gesundheit und Ernährung auseinandersetzte und dies ein langes, bewegtes Leben hindurch zu seiner Aufgabe machte?

Wer war Alfred Vogel?

1902 kommt Alfred Vogel in Aesch bei Basel zur Welt. Die Verhältnisse, in die er hineingeboren wird, sind bescheiden, aber prägend: Der Vater, ein kräuterkundiger Friseur und begnadeter Gärtner, nimmt sein viertes und jüngstes Kind gern auf ausgedehnte Spaziergänge mit und zieht es zu Arbeiten im Garten heran, um ihm die heimischen Heilkräuter näher zu bringen. Ebenso gibt die kräuterkundige Grossmutter – sie wird 103 Jahre alt – ihr Wissen an den Enkel weiter. Zudem existiert auf dem Dachboden des Elternhauses eine «Heilkräuterapotheke», die Alfred Vogel schon als Kind fesselt und sein unerschütterliches Vertrauen in die Heilkraft der Pflanzen begründet.

Eine kaufmännische Lehre kann Vogels Wissensdurst in punkto Heilpflanzen freilich nicht stillen, liefert aber sehr nützliche Kenntnisse, die ihm als Jungunternehmer bald zugute kommen. 1923 eröffnet Alfred Vogel in Basel das «Kolonialhaus Vogel», in dem er Rohrzucker, Ceylontee und andere Kolonialwaren verkauft. Bereits 1924 hat er unter seiner eigenen Marke «AVOBA» (A.Vogel Basel) Haferflocken, Feigensirup, Vollreis oder auch schon eine frühe Form seines berühmten Getreide- und Fruchtkaffees «Bambu» im Sortiment. Das gesunde Getränk nennt er seiner damaligen Markenstrategie folgend «Avoba-Kaffee». Bald kommen Avoba-Vollkornteigwaren, Avoba-Vollkornzwieback, -biscuits, -Weizenkraftnahrung und andere Vollwertprodukte dazu.

Welchen Namen er seinem rasch aufstrebenden Geschäft geben soll, ist dem findigen Jungunternehmer jedoch nicht ganz klar. Er schwankt zwischen «Reformhaus A.Vogel», «Kräuter-Drogerie und Reformhaus», «Spezialgeschäft für

Naturheilkunde», «Spezialgeschäft für Lebensreform» und anderen Bezeichnungen, da ihm der Reformhandel allein bereits eng zu werden beginnt und er sein Angebot längst um Teedrogen, Balsame und andere «Gesundheitsprodukte» und Heilmittel erweitert hat. Der Gedanke, sein ständig wachsendes Wissen über Kräuter und Heilpflanzen auch praktisch, das heisst, im wahrsten Sinn des Worts heilpraktisch anzuwenden, fasziniert ihn immer mehr. Und auch von aussen, von Seiten seiner Kundschaft, wächst die Nachfrage nach den Ratschlägen des jungen Reformhausbesitzers. So gewinnt der Plan Gestalt, sich um eine Anerkennung als Naturarzt zu bemühen.

Nach Alfred Vogels Auffassung ist erstens die ganze und zweitens die frische Pflanze Extrakten aus getrockneten Pflanzenteilen überlegen. Bei den Nahrungsmitteln sieht er die Dinge nicht anders. Auch hier hält er – zu Recht – das volle Korn, den unraffinierten Reis oder den rohen Rohrzucker für ernährungsphysiologisch unvergleichlich wertvoller als, wie er sagt, «denaturierte Lebensmittel wie geschälten, polierten Reis, Weissmehl oder Kristallzucker».

Auf der Basis dieser Überzeugung entwickelt Alfred Vogel in den nächsten Jahrzehnten Hunderte von pflanzlichen Heil- und vollwertigen Nahrungsmitteln. Dabei legt er immer, ohne Ausnahme, grössten Wert auf die Herkunft der Pflanzenbestandteile bzw. Zutaten. Boden, Anbau- und Erntebedingungen müssen seinen strengen Vorgaben entsprechen. Alle A.Vogel-Produkte werden auch heute noch, wo immer möglich und sinnvoll, biologisch angebaut und innerhalb kürzester Zeit verarbeitet. So frisch wie nur möglich, lautet die A.Vogel-Devise.

1927 heiratet Alfred Vogel die Lehrerin Sophie Sommer, und bald werden die beiden Töchter Ruth (1928) und Maya (1929) geboren. Mit Unterstützung seiner Frau verleiht er ab 1929 seinen blühenden Geschäften zusätzliche Impulse durch eine eigene Monatszeitschrift mit dem Namen «Das neue Leben». In den Dreissigerjahren eröffnet er Filialen seines Reformhauses in Zürich, Solothurn und Bern. 1933 wird er von der «Naturarzt-Vereinigung der Schweiz» als Naturarzt anerkannt, was den Grundstein für seine unmittelbar beginnende therapeutische Tätigkeit im Appenzellerland bildet. Dort hat sich Alfred Vogel nämlich in Erwartung des Titels bereits mit seiner jungen Familie niedergelassen. Der Doppelkanton steht im Ruf, ein besonders naturärztefreundliches Klima zu pflegen.

Neben dem «Diät-Kurhaus Vogel» führt der umtriebige Naturarzt weiterhin seine Reformhäuser und macht sich als Kursleiter und Vortragender in Naturheilkunde und Ernährungsfragen einen Namen. Seit 1935 stellt Vogel in seinem «Laboratorium Bioforce» in Trogen neben Reformprodukten auch Heilmittel, biologische Kosmetika und Dünger her. In Teufen, wo er 1937 das weitläufige Grundstück Hätschen auf rund 1000 Meter über Meereshöhe erwirbt, entwickelt er ständig sein Sortiment weiter, und sein Ruf als Naturarzt wächst und wächst. Neben dem Kur- und Wohnhaus errichtet er ein eigenes Produktionsgebäude für seine «Bioforce»-Spezialitäten, die Frischpflanzenpresssäfte, zu denen immer mehr Salben, Sirupe, Tees, Tinkturen und Tabletten kommen. Mittlerweile baut er Heilpflanzen, Obst, Getreide und Gemüse auf dem Hätschen und den umliegenden Bergwiesen selbst auf biologischer Basis an, um über qualitativ zweifelsfreie, vollwertige und frische Ausgangsprodukte und Nahrungsmittel ohne Zusätze zu verfügen. Dass der begeisterte Sportler und Natur-

liebhaber selbst mit Hand anlegt, versteht sich von selbst. Doch nicht genug: Alfred Vogel drängt es weiter. Beseelt von Wissensdurst und Forschergeist, will er in Erfahrung bringen, wie es um den Gesundheitszustand und die Ernährungsformen von Naturvölkern steht. Alfred Vogel beginnt zu reisen, während sein Heilmittelunternehmen Bioforce weiterwächst und seine Zeitschrift, die er ab 1943 «Gesundheits-Nachrichten» nennt, monatlich immer mehr interessierte Leser findet.

Seine ausgedehnten Reisen führen Alfred Vogel in alle Erdteile. Unermüdlich ist er auf der Suche nach neuen Erkenntnissen, vitaminreichen und heilkräftigen Nahrungs- und neuen tropischen Naturheilmitteln. Dabei macht er viele erstaunliche Beobachtungen, wie etwa über die Heilwirkung der Papaya, der Sägepalme, des Ginkgo biloba, der Durianfrucht oder der Teufelskralle aus der Kalahariwüste, um nur einige wenige zu nennen. Auch in der Ferne bleibt Vogel seinen Grundsätzen treu, erprobt die Heilwirkungen ihm unbekannter Pflanzen im Selbstversuch und kauft immer wieder Farmland, um seine Neuentdeckungen selbst nach seinen biologischen Ansprüchen anzubauen. Seine publizistischen und Vortragstätigkeiten setzt er dessen ungeachtet fort. Auch viele seiner spannenden Bücher entstehen in dieser Zeit.

Mehr und mehr steht Alfred Vogel mit renommierten Forschern und Wissenschaftlern in Kontakt. Vom Zürcher Arzt Maximilian Bircher-Benner über Albert Schweitzer bis zum Nobelpreisträger Linus C. Pauling oder dem führenden Phytotherapeuten Rudolf Fritz Weiss reicht die Liste seiner berühmten Gesprächspartner. Vogel wird in der Welt der Wissenschaft anerkannt und beginnt sich allmählich auch selbst als Phytotherapeut zu bezeichnen. Gemeinsam mit Dr. Weiss verfasst er ein Standardwerk über Teedrogen. Seine Verdienste um die Naturheilkunde finden weltweite Anerkennung und Auszeichnungen bleiben nicht aus: 1982 erhält er die Priessnitz-Medaille der Deutschen Heilpraktikerschaft und 1984 wird er Ehrenmitglied der Schweizerischen Ärztegesellschaft für Erfahrungsmedizin (SAGEM).

Der eine oder andere kleine Rückschlag bleibt aber auch Alfred Vogel nicht erspart. Wie zum Beispiel der Verlust einer 1958 erworbenen Farm in Peru (Tarapoto), wo er mit der Hilfe von Indios Zuckerrohr, Kaffee, Bananen und Papaya anbaut. Eine Landreform, die Ausländern den Besitz von mehr als 15 Hektar Land untersagt, betrifft auch Alfred Vogels Paradies, wie er die Farm nennt, denn sie umfasst 72 Hektar Land. Vogel fackelt nicht lange und verschenkt nicht nur den «übermässigen» Landanteil, sondern gleich alles. Sein kleines Paradies ist für ihn verloren.

Dafür bekommt er fast gleichzeitig von anderer Seite ein unerwartetes Geschenk, das sich im Lauf der Zeit als ein sehr grosses herausstellt: den Roten Sonnenhut. Der Sioux-Häuptling Ben Black Elk zeigt ihm die heilkräftige Echinacea purpurea, die Alfred Vogel in der Folge auf dem Hätschen in der Schweiz anbaut. Aus der amerikanischen Korbblütlerin mit den hübschen rosa Blüten entwickelt der rastlose Naturarzt das wohl berühmteste Naturheilpräparat der Schweiz: Echinaforce.

Die Verhältnisse in Teufen sind längst zu eng geworden, um den Bedarf an A.Vogel-Produkten zu decken, und so kommt es schliesslich 1963 zur Gründung der Bioforce AG in Roggwil. In den neuen Fabrikationsgebäuden können nun Frischpflanzenextrakte und andere Heil-, Reform- und

Nahrungsmittel in grossem Stil nach modernsten Massstäben produziert werden. Wieder stammt das Rohmaterial zum Teil gleich von den umliegenden Feldern. Mit über 60 Jahren macht Alfred Vogel also noch den Schritt zum Unternehmer, und das erneut auf internationaler Ebene. Bis ins hohe Alter von 90 Jahren bleibt er aktiv.

A.Vogel heute: «Die frische Welt der Heilpflanzen»

A.Vogel/Bioforce ist heute weltweit in über 30 Ländern vertreten. Das Unternehmen hat Niederlassungen unter anderem in Deutschland, Frankreich, Finnland und Kanada sowie Partner auf allen fünf Kontinenten. Die Leaderprodukte der Marke A.Vogel sind heute die Frischkräuter-Meersalze, Bambu, Molkosan und Santasapina-Bonbons sowie im Pharmabereich Echinaforce, Prostasan, Aesculaforce und die Rheuma-Mittel – alles Produkte, die Alfred Vogel selbst noch auf den Weg gebracht oder angeregt hat. Viele Hunderte von Tonnen Gemüse und Heilpflanzen, ob aus Wildsammlung oder aus Bio-Anbau, werden jährlich bei Bioforce zu A.Vogel-Produkten verarbeitet.

Auch die meisten Bücher von Alfred Vogel sind immer noch erhältlich. Dafür sorgt der Verlag A.Vogel, der das ehemalige Wohnhaus des Naturforschers auf dem Hätschen in Teufen bezogen hat, wo einst Alfred Vogel mit dem Säntis im Blick sein Hauptwerk verfasste. Inzwischen hat «Der kleine Doktor», der erstmals 1952 erschien, 72 Auflagen erlebt. Er wurde in 12 Sprachen übersetzt und ist mit über zwei Millionen verkauften Exemplaren ein Bestseller. Nach wie vor entstehen hier auch die Zeitschrift «A.Vogel Gesundheits-Nachrichten» sowie aktuelle Bücher über Themen aus den

Bereichen Gesundheit, Ernährung, Wellness und Umwelt, mit Naturheilkunde als Schwerpunkt.

In Teufen kann man in die Welt Alfred Vogels auf vielerlei Arten eintauchen. In das «A.Vogel-Gesundheitszentrum» auf dem Hätschen zieht es heute wie früher Besucher aus der ganzen Welt. Zur idyllischen Teufener Vogel-Welt gehören neben einem herrlichen Schaugarten eine Drogerie, ein Beratungszentrum, Museum, Bistro und ein prall gefüllter Workshopkalender für Besucher. Der Garten wird, konsequent wie eh und je, biologisch bearbeitet. Dass keinerlei Insektizide, Pestizide, Unkrautvertilger usw. eingesetzt werden, versteht sich von selbst. Das Ergebnis lässt sich sehen: Auf 1000 Metern Höhe gleicht das teils recht steile Gelände in der vordersten Reihe des hochgebirgigen Alpsteinmassivs einem mediterranen Garten Eden, auf dem ungeachtet der Höhe sonnenhungriges Gemüse von Artischocke bis Zucchini, alte Obstsorten, Beeren, alle nur erdenklichen Küchenkräuter und über hundert Heilkräuter üppig gedeihen. 2006 wurde der Schaugarten zum Appenzeller Garten des Jahres ernannt und liefert viele Gründe für einen Besuch. Nirgends kann man den Geist des Gründers besser spüren als hier.

Kochen mit A.Vogel

Die Idee zu einem A.Vogel-Kochbuch spukte schon seit Langem in vielen Köpfen, schliesslich dreht sich Alfred Vogels Werk um die gesunde Ernährung als zentrale Achse. Die Rezepte dieses Kochbuchs wurden in Übereinstimmung mit den Ernährungsgrundsätzen Alfred Vogels neu kreiert. Sie sind mehrheitlich vegetarisch, wie es Alfred Vogel entspricht. Dieser empfiehlt, wenn überhaupt, dann nur wenig Fleisch und Fisch zu essen, dafür aber in guter Qualität. Das heisst, dass auch bei tierischen Produkten Haltung und Herkunft eine grosse Rolle spielen. Gutes Fleisch aus artgerechter, naturnaher Bio- bzw. Freilandhaltung oder aus Jagd bzw. Wildfang ist gesünder und wohlschmeckender als das aus Massentierhaltung. «Weniger oft, dafür Besseres», lautet hier die Devise.

Die Gerichte in diesem Buch schmecken hoffentlich so gut, dass man gar nicht realisiert, dass sie grösstenteils «ohne» auskommen. Sie haben dabei nichts «typisch Körnlipickerisches» an sich, wobei, wann immer es geht und auch geschmacklich überzeugt, in Anlehnung an A.Vogels Ernährungsgrundsätze vollwertige Lebensmittel zum Einsatz kommen. «Gesund, modern, raffiniert und elegant» sind Absicht und Anspruch der Rezeptkreation.

Einige der Gerichte sind laktose-, cholesterin- oder glutenfrei, was eigens vermerkt wird. Auch die Angabe von Kalorien gehört zur Transparenz eines A.Vogel-Kochbuchs. Bei den Vorspeisen und Beilagen wurde die Grenze bei 150 Kalorien pro Person gezogen; alles, was darunter ist, wird als kalorienarm deklariert. Bei den Hauptgerichten liegt die Latte bei bis zu 500 Kalorien pro Person, bei den Desserts bei 200 Kalorien und bei den Getränken bei 40 Kalorien pro 100 ml.

Bei den Zutaten werden selbstverständlich, da es ja ein A.Vogel-Kochbuch ist, sämtliche von A.Vogel erhältlichen Nahrungsmittel eingebunden. Aber es geht natürlich vielfach auch ohne. Die meisten Rezepte funktionieren mit herkömmlichen Lebensmitteln. Ausnahmen sind Gerichte, die spezielle Zutaten wie Molkosan oder Bambu enthalten und deren Reiz gerade in diesen speziellen Komponenten besteht.

Die für die Zubereitung von manchen Rezepten vorausgesetzten Grundrezepte finden sich jeweils in der Warenkunde zu Beginn des entsprechenden Kapitels. Die Rezepte sind so präzise ausgearbeitet, dass sie in jedem Fall gelingen, wenn man sie eins zu eins nachkocht. Dass dabei ungeniert Küchen aus aller Welt mit hinein spielen und exotische Zutaten verwendet werden, hat mit der Person Alfred Vogel zu tun. Als echter, erfahrener Weltreisender ist er zeitlebens auf der Suche nach wertvollen Nahrungsmitteln bis in die hintersten Winkel des Globus vorgedrungen und hat reichlich Erfahrungen mit den unterschiedlichsten Küchenstilen bzw. Länderküchen gesammelt.

Alfred Vogel brachte schon manche Delikatesse bereits vor fünfzig, sechzig Jahren aus der Südsee, der Wüste und von den Anden mit. Seine Begeisterung etwa für eine exotische Frucht, Nuss oder Bohne wegen ihrer gesundheitlichen Vorzüge wirkte sich auch auf seinen Speiseplan aus. Wie abwechslungsreich und reichhaltig eine vollwertige, vegetarische Küche sein kann, demonstrierte Alfred Vogel ja bereits in seinem Erstling «Die Nahrung als Heilfaktor». Zwischen diesem Werk und dem vorliegenden Kochbuch liegen über siebzig Jahre. Das sind Jahre voller Erfahrungen, neuer Erkenntnisse und neuer Lebensmittel, die uns heute allzeit zur Verfügung stehen. Die gesunde Naturküche hat sich dementsprechend weiterentwickelt, und auch der zeitweise herrschende Mangel an Raffinesse ist längst überwunden. Heute heisst das Motto nicht mehr nur «gesund essen», sondern «gesund geniessen», weil die Vollwerternährung mit allen zur Verfügung stehenden Mitteln eine sehr genussvolle, elegante Küche sein kann. Deshalb laden wir Sie herzlich ein, mit A.Vogel zu geniessen, nicht zuletzt auch Ihrem Wohlbefinden zuliebe!

Grundsätze für eine gesunde Ernährung nach A.Vogel

1. Besser essen
Essen soll Freude machen und der Gesundheit dienen. Das tut es umso mehr, wenn die Qualität stimmt, die Nahrungsmittel aus kontrolliert biologischer Landwirtschaft stammen und so naturbelassen wie möglich sind. Dann schmecken sie auch besser und sind gesünder.

2. Gesünder essen
Ernähren Sie sich vollwertig, ballaststoff-, vitamin- und mineralstoffreich. Achten Sie auf die Auswahl guter Öle wie kalt gepresste Pflanzenöle, z.B. Olivenöl, Rapsöl, Traubenkernöl, Weizenkeimöl. Fisch enthält ebenfalls wertvolle Omega-3-Fettsäuren.

3. Langsamer essen
Gut gekaut ist halb verdaut. Lassen Sie sich beim Essen Zeit. Ein paar Minuten Entspannung vor dem Essen, langsames Kauen und gutes Einspeicheln beim Essen und ein Verdauungsspaziergang danach tun nicht nur Magen, Darm und Figur gut, sondern wirken sich auf den ganzen Organismus, einschliesslich Nerven, positiv aus.

4. Frischer essen
Verwenden Sie möglichst frische Lebensmittel und bereiten Sie sie schonend zu, damit sie das Maximum an Vitalstoffen liefern. Durch kurze Garzeiten und Garen im Dampf verhindern Sie, dass unnötig Vitalstoffe verloren gehen. Und bereiten Sie ein Gericht lieber in kleineren Mengen, dafür aber frisch zu, statt es aufzuwärmen. Fertig- oder Halbfertigprodukte gehören nicht in eine gesunde und genussreiche Küche und enthalten meist unerwünschte Zusatzstoffe.

5. Basischer essen
Essen Sie viel Rohkost und legen Sie einzelne, wenn möglich sogar regelmässige Saft-, Obst-, Sauerkraut- oder Reistage ein. Für Alfred Vogel waren sie ein unverzichtbares Mittel zur Darmpflege und zum Wohlfühlen. Auch die Figur freuts. Ein hoher Anteil an Basenüberschüssigem und Rohkost ist nach Alfred Vogel das Beste für die Gesundheit. Gemüsetage entsäuern.

6. Mehr trinken
Reduzieren Sie Genussmittel wie Kaffee und Alkohol und verzichten Sie auf Nikotin. Sie reizen Magen, Darm und Leber. Alkohol enthält viele Kalorien. Trinken Sie stattdessen mehr Wasser, Molkengetränke oder Kräutertees; Süssgetränke sind keine Alternative.

7. Besser würzen
Überprüfen Sie von Zeit zu Zeit Ihren Salzkonsum und gewöhnen Sie sich an, viel mehr mit Kräutern, Keimen, Sprossen, Meerrettich, Knoblauch, Zitronensaft und Gewürzen zu würzen. Die Geschmacksnerven und die Gesundheit danken es.

8. Gezielter essen
Essen Sie nur, wenn Sie wirklich Hunger haben. Es lohnt sich, auf den Körper zu hören und erst dann zu essen, wenn sich Hungersignale einstellen, und nicht aus Frust, als Ersatzhandlung, gesellschaftlichen Zwängen oder aus Gewohnheit in jeder sich bietenden Situation.

9. Weniger essen
Essen Sie weniger, da man bei Vollwertnahrung ohnehin weniger braucht, weil mehr drin ist und das Gefühl der Sättigung länger anhält. Angesichts des heutigen Kalorienbedarfs, der wegen der geringeren körperlichen Anstrengung niedriger ist, und angesichts des grassierenden Bewegungsmangels isst man bei all den verlockenden Zwischenverpflegungen und der ständigen Verfügbarkeit von Essbarem ohnehin zuviel des Guten.

10. Gemeinsam essen
Essen Sie in Gesellschaft. Wer mit anderen gemeinsam isst, hat mehr davon: mehr Genuss, mehr Freude, mehr Lust. Essen als kleine, tägliche Zeremonie oder als Ritual, bei dem die Familie zusammenkommt, fördert den sozialen Aspekt des Essens. Allein schmeckts nur halb so gut.

Kalte Vorspeisen

SPROSSEN UND KEIME Die Pflanzenwinzlinge sind viel mehr als Dekoration am Tellerrand. Sie enthalten in einzigartiger Konzentration Enzyme, Proteine, Mineralstoffe, Spurenelemente, Vitamine und sekundäre Pflanzenstoffe – mehr als die meisten ausgewachsenen Hülsenfrüchte, Gemüse- und Getreidesorten. Zudem kann der Körper die in Sprossen und Keimen enthaltenen Vitalstoffe besonders gut absorbieren. Es lohnt sich also, über Kressesprossen hinaus zu experimentieren: zum Beispiel mit Hülsenfrüchtekeimlingen eine Kürbissuppe verfeinern, mit Rettich-, Radieschen- oder Senfsprossen einen Kartoffelsalat würzen oder mit Bockshornklee-, Hafer- oder Weizensprossen Müesli, Joghurt, Kompott oder Fruchtsalat anreichern. Oder einfach Rotklee-, Luzerne- oder Alfalfasprossen satt aufs Butterbrot streuen. Die kleinen Vitaminbömbchen wirken obendrein als Wundermittel gegen faden Geschmack.

Sprossen sind in den meisten Supermärkten erhältlich. Man kann sie aus Samen auch selbst züchten mit Hilfe einfacher Keimgeräte, ja sogar in Marmelade- oder Einmachgläsern, aber auch in speziellen, übereinander gelagerten «Sprossengärten». Von A.Vogel gibt es das BioSnacky-Sortiment mit einer grossen Auswahl an Samen und Keimgeräten. Bereits ab dem 4. bis etwa zum 12. Tag liefern sie knackig Erntefrisches, ohne dass man dazu einen Balkon oder Garten braucht, und das unabhängig von der Jahreszeit. Das Sprossenziehen ist kinderleicht, wenn man den Trick raus hat: Es kommt auf das richtige Mass beim Wässern und auf die richtigen Temperatur- und Lichtverhältnisse an.

ÖLE Gönnen Sie sich etwas Gutes, auch wenn das seinen Preis hat, und kaufen Sie kalt gepresste, unraffinierte Öle! Diese besitzen weit mehr wertvolle ungesättigte Fettsäuren und schmecken viel besser als synthetisch extrahierte Öle. Neuerdings greifen immer mehr Köche, vor allem in der Spitzengastronomie, auch zu neutral schmeckendem Rapsöl in hervorragender Qualität. Ist dagegen der charakteristische Eigengeschmack eines Öls erwünscht, bieten sich – abgesehen von Olivenöl – kalt gepresste Kürbiskern-, Mohn-, Sesam- und Nussöle an. Auch Arganöl aus den Samen des marokkanischen Arganbaums erinnert an Walnuss/Baumnuss mit leicht rauchiger Note. Mit Chili, Trüffel, Kümmel oder Limette aromatisierte Öle erzielen ebenfalls interessante Effekte, sofern sie auf guten Ausgangsölen basieren. Grosser Beliebtheit erfreut sich Zitronenolivenöl, das zum Parfümieren auch in der warmen Küche zum Einsatz kommt. Man kann es fertig kaufen oder selbst herstellen und damit die Qualität des Öls selbst bestimmen.

Grundrezept Zitronenolivenöl: Die Schale von 8–10 ungespritzten Bio-Zitronen mit dem Sparschäler fein abziehen. In einer Chromstahlpfanne mit 1 Liter Olivenöl bei kleinster Hitze nicht ganz zugedeckt erwärmen. Sehr sanft köcheln lassen, bis von den Schalenstücken keine Bläschen mehr aufsteigen. Je nach Pfanne die Hitzequelle eventuell intervallmässig ein- und ausschalten: Das Öl sollte die Tem-

peratur von 110 °C nie übersteigen. Dieser Vorgang dauert etwa eine Stunde, bis die Schalenstücke braun werden. Dann seiht man das Öl ab und füllt es in eine saubere Flasche. Belassen Sie ein Stück Schale im Öl, so sehen Sie mit einem Blick, um was es sich handelt.

HÜLSENFRÜCHTE Zur grossen Familie der Hülsenfrüchte zählen u.a. Erbsen, Bohnen, Linsen, Kichererbsen, Mung- und Sojabohnen. Vegetariern sind sie ein Begriff, ansonsten aber fristen sie oft ein freudloses Dasein als eiserne Trockenreserve im Vorratsschrank. Aus dieser Randposition treten die eiweiss- und ballaststoffreichen Hülsenfrüchte immer mehr heraus; sie liegen im Trend. Das auch deshalb, weil sich die Zubereitungszeit durch industrielle Vorbehandlung massiv verkürzt hat. Auch wenn heute nach den Angaben auf der Packung das Einweichen vielfach nicht mehr nötig ist, wie z.B. bei Linsen, werden sie bekömmlicher, wenn man es trotzdem tut. In kaltem Wasser übrigens, sonst beginnen sie zu gären. Auch setzt man sie mit kaltem Wasser auf und fügt erst am Ende der Garzeit Salz hinzu, sonst werden die meisten Hülsenfrüchte nicht gar. Das Einweichwasser verwendet man nachher nicht mehr.

Auf den Seiten 42, 50, 102, 114 und 116 finden Sie Rezepte mit Hülsenfrüchten. Püriert man sie mit mehr Kochflüssigkeit, ergeben sie feine, sämige Saucen, reduziert man den Flüssigkeitsanteil, verwandeln sie sich in raffinierte Apéropasten, mit denen man die Gäste verblüfft.

ESSIG UND ALTERNATIVEN Manche schwören auf Essig als appetitanregenden Apéritif oder verdauungsfördernden Digestif und trinken ihn gläschenweise pur. Es gibt ja auch ausgesprochen wohlschmeckende Edelessigsorten. Andere dagegen schüttelt es schon beim Gedanken daran, denn sie vertragen Essig nicht einmal im Salat. Alternativen gibt es einige: Wem Zitronensaft zu sauer ist, den begeistert wahrscheinlich der gut verträgliche Saft grüner, unreifer Trauben, Verjus oder Agraz. Er war im Mittelalter das Säuerungsmittel schlechthin und zeigt sich milder, fruchtiger und raffinierter als Zitronensaft und Essig. Heute feiert Verjus in der Gourmetküche ein Comeback und ist in gut sortierten Lebensmittelgeschäften erhältlich. Eine weitere überaus gesunde Alternative ist Molkosan von A.Vogel, ein Serum aus milchsauer vergorener Molke, das einen feinen säuerlichen Gout hat. Zur besseren Verträglichkeit werden Fett und Eiweiss aus der Molke entfernt und rechtsdrehende L(+)-Milchsäure hinzugefügt.

Wie bei Öl kann man auch bei Essig mit Aromen spielen. Besonders reizvoll ist der Gegensatz aus süssen Beeren und der Säure des Essigs, wie sie für Himbeeressig typisch ist, der mit Nüssen, Nussöl, bitterem Gemüse und feinen Blattsalaten harmoniert. Zurückhaltend dosiert, kommt er am wirkungsvollsten zur Geltung.

Grundrezept Himbeeressig: 2 zerstossene Pfefferkörner, 50 g Roh-Rohrzucker, 100 ml Rotwein, 200 ml Rotweinessig und 2 EL Aceto balsamico rosso zusammen aufkochen. Mischung über 250 g zerdrückte Himbeeren giessen. In einem Einmachglas gut verschlossen zwei bis drei Wochen an einem dunklen, kühlen Ort ziehen lassen. Das Glas ab und zu schütteln. Filtrieren und in saubere Flaschen füllen. Ca. 12 Monate haltbar.

Nach demselben Prinzip kann man auch Erdbeer-, Brombeer-, Blaubeer-, Johannisbeer- oder Stachelbeeressig herstellen.

Zwei Molkosan-Dressings

Zubereitungszeit je ca. 5 Minuten

ZUTATEN

für je 4 Portionen

JOGHURT-DRESSING:

1/4 Würfel Plantaforce® Gemüsebrühe

1 EL Biocarottin Instant

2 EL Wasser, heiss

1 EL Molkosan®

3 EL Joghurt nature (siehe Tipp)

SENF-DRESSING:

1 TL Molkosan® Vitality

1/2 TL Herbamare® Original

2 EL Wasser, heiss

2 TL Senf, mittelscharf

1 TL Honig, flüssig

1 EL Baumnussöl (Walnussöl)

50 g Crème fraîche (Sauerrahm)

Alle Zutaten im Schüttelbecher mischen. Nach Belieben zusätzlich mit Aromaforce abschmecken.

Die Dressings eignen sich für Blattsalate, rohe wie auch gekochte Gemüsesalate.

Joghurt-Dressing: pro Portion ca. <1 g Eiweiss, <1 g Fett, 2 g Kohlenhydrate, 48 kJ / 12 kcal
kalorienarm, cholesterinarm, glutenfrei

Senf-Dressing: pro Portion ca. <1 g Eiweiss, 6 g Fett, 1 g Kohlenhydrate, 237 kJ / 57 kcal
kalorienarm, cholesterinarm, glutenfrei

TIPP In grösserer Menge zubereitet, können die Dressings direkt im Schüttelbecher einige Tage im Kühlschrank aufbewahrt werden. Je nach Verwendung kann man sie zusätzlich mit frischen Kräutern oder Kräutermischungen aromatisieren. Statt Molkosan kann man auch Weissweinessig verwenden. Dank der Molkenkonzentrate sind die Original-Dressings aber viel bekömmlicher und Heilnahrung pur. Joghurt kann man mit A.Vogel Vital-Ferment «Creme-Joghurt» selbst herstellen.

Gurken-Estragon-Salat:
Zubereitungszeit ca. 15 Minuten
+ 15 Minuten ziehen lassen
Gedünsteter Gurkensalat:
Zubereitungszeit ca. 20 Minuten
+ auskühlen lassen

Zwei Gurkensalate

ZUTATEN

für je 4 Portionen

GURKEN-ESTRAGON-SALAT:

1 rote Zwiebel
2 EL Sherryessig
2 Freilandgurken à 250 g
1 TL Meersalz
1/4 Würfel Plantaforce® Gemüsebrühe
2 EL Wasser, heiss
Herbamare® Original
Pfeffer aus der Mühle
2 EL Olivenöl
4 Radieschen
2 Hand voll Estragonblättchen

GEDÜNSTETER GURKENSALAT:

2 Freilandgurken à 250 g
1 TL Dillsamen
1 EL Olivenöl zum Dünsten
4 Portionen Molkosan-Senf-Dressing
(siehe Seite 22)

1 Für den Gurken-Estragon-Salat Zwiebel in Streifen schneiden, mit dem Essig mischen. 15 Minuten ziehen lassen. Gurken schälen, längs halbieren, entkernen. In ca. 10 cm lange Stücke und diese in feine Streifen schneiden. Mit Salz mischen, 15 Minuten ziehen lassen. In einem Sieb mit kaltem Wasser überbrausen, gut abtropfen lassen. Plantaforce-Würfel mit Wasser, Herbamare, Pfeffer und Öl verquirlen. Zwiebeln und Essig darunter mischen. Radieschen in Scheiben hobeln, samt Gurke dazugeben. Estragon erst kurz vor dem Servieren darunter mischen.

2 Für den gedünsteten Salat Gurken schälen, längs halbieren, nach Belieben entkernen und in 1 cm grosse Würfel schneiden. Mit Dillsamen im Öl bei mittlerer Hitze unter Rühren 10–15 Minuten langsam glasig dünsten. Auskühlen lassen. Mit dem Molkosan-Senf-Dressing mischen.

Gurken-Estragon-Salat: pro Portion ca. 1 g Eiweiss, 3 g Fett, 5 g Kohlenhydrate, 206 kJ / 49 kcal
kalorienarm, cholesterinfrei, glutenfrei, laktosefrei
Gedünsteter Gurkensalat: pro Portion ca. <1 g Eiweiss, 3 g Fett, 3 g Kohlenhydrate, 164 kJ / 39 kcal
kalorienarm, cholesterinarm, glutenfrei

TIPP Dillsamen sind in Drogerien erhältlich. Im Gegensatz zu (frischen) Dillspitzen schmecken die Samen leicht kümmelartig und fördern die Verdauung. Wie Kümmel-, Anis-, Koriander- und Fenchelsamen, mit denen Sie ebenfalls experimentieren können, wirken Dillsamen wärmend und anregend auf Magen und Darm. Vor der Verwendung kann man die Samen im Mörser zerdrücken, damit sie ihre Wirkung besser entfalten.

Zubereitungszeit ca. 35 Minuten

Pikanter Mangosalat

ZUTATEN

für 4 Portionen

1 reife Mango, ca. 350 g
1 Freilandgurke, ca. 250 g
25 g Cashewnüsse
1 TL grüne thailändische Currypaste
2 EL Erdnussöl
1 Limette
1/2 EL thailändische Fischsauce
1/2 EL Roh-Rohrzucker
100 g Cherrytomaten
1 Bund Schnittlauch

1 Mango schälen, Fruchtfleisch vom Kern schneiden. In Streifen schneiden. 50g Abschnitte für die Sauce beiseite legen. Gurke schälen, längs halbieren, entkernen. In Stäbchen schneiden. Mit den Mangostreifen mischen.

2 Cashewnüsse grob hacken. In einer beschichteten Bratpfanne ohne Fett goldbraun rösten, beiseite legen.

3 Currypaste im Öl kurz andünsten, Pfanne vom Herd nehmen. Limettenschale dazureiben, Saft dazupressen. Fischsauce, Zucker und Mango-Abschnitte beigeben. Alles fein pürieren. Mit Mango und Gurke mischen.

4 Tomaten in Scheiben schneiden, zu Mango und Gurke geben, mischen. Schnittlauch in Röllchen schneiden und mit den Cashewnüssen darüber streuen.

Pro Portion ca. 2 g Eiweiss, 6 g Fett, 12 g Kohlenhydrate, 444 kJ/106 kcal
kalorienarm, cholesterinfrei, glutenfrei, laktosefrei

TIPP Mango ist ausgesprochen reich an Vitamin A, verdauungsfördernd und sehr gut verträglich, weshalb sie auch als Baby- und Heilnahrung verwendet wird. Die vielseitige Frucht schmeckt auch pikant zubereitet sehr erfrischend. Achten Sie darauf, dass sie wirklich reif ist.

Tomaten-Zucchini-Salat mit Lavendel

Zubereitungszeit ca. 30 Minuten
+ 30 Minuten abtropfen lassen
+ 15 Minuten ziehen lassen

ZUTATEN
für 4 Portionen

400 g Cherrytomaten
Meersalz
400 g Zucchini
2 EL Olivenöl

SAUCE:
4–5 Rispen Lavendelblüten
oder 2 TL getrocknete Blüten
1 EL Aceto balsamico bianco
1 TL Honig, flüssig
1/4 Würfel Plantaforce® Gemüsebrühe
2 EL Wasser, heiss
1/2 Schalotte, gehackt
Herbamare® Original
Pfeffer aus der Mühle
2 EL Olivenöl mit Zitrone (siehe Seite 20)

1 Tomaten quer halbieren und salzen. Mit der Schnittfläche nach unten auf Küchenpapier 30 Minuten abtropfen lassen.

2 Für die Sauce 2 TL Lavendelblüten abzupfen, mit den restlichen Saucenzutaten in einem Schüttelbecher mischen.

3 Zucchini in 5 cm lange Stäbchen schneiden. Mit den leergezupften Lavendelstielen im Öl unter Wenden rundum ca. 10 Minuten braten. Herausheben, beiseite stellen. Tomaten mit der Schnittfläche nach unten im verbleibenden Öl bei mittlerer Hitze 3–4 Minuten braten, bis sie etwas Farbe annehmen. Zucchini und Sauce beigeben. Alles mischen und vom Herd nehmen. Zugedeckt ca. 15 Minuten ziehen lassen. Lavendelstiele entfernen.

Lauwarm oder kalt mit knusprigem Brot servieren.

Pro Portion ca. 3 g Eiweiss, 6 g Fett, 6 g Kohlenhydrate, 362 kJ/86 kcal
kalorienarm, cholesterinfrei, glutenfrei, laktosefrei

TIPP Die Kombination von Tomaten und Zucchini mit dem aromatischen Lavendel ist ein apartes Geschmackserlebnis. Falls Sie eigene Zucchini im Garten haben, können Sie zusätzlich einige ganze Zucchini-Blüten mitbraten. Lavendel eignet sich zum Aromatisieren in der pikanten wie der süssen Küche. Man erntet die Blütenzweige am besten im Hochsommer und wäscht die Blüten nicht, sondern kontrolliert sie mit einem weichen Pinsel auf Insekten.

Selleriesalat:
Zubereitungszeit ca. 30 Minuten
+ 30 Minuten ziehen lassen
Rotkrautsalat:
Zubereitungszeit ca. 35 Minuten

Zwei Rohkostsalate

ZUTATEN

für je 4 Portionen

SELLERIESALAT:

2 EL Pinienkerne
1/2 TL Currypulver, scharf
4 Portionen Molkosan-Senf-Dressing (siehe Seite 22)
500 g Knollensellerie
1 säuerlicher Apfel, z.B. Boskop
1 Hand voll Alfalfa-Sprossen

ROTKRAUTSALAT:

200 g Rotkabis (Rotkohl), 2 TL Rohzucker
200 g Fenchel, 3–4 Wirsingblätter
1 gelbe Peperoni (Gemüsepaprika)
2 EL Preiselbeeren (aus dem Glas)
1 EL Sherryessig
1/4 Würfel Plantaforce® Gemüsebrühe
2 EL Wasser, heiss
Herbamare® Original, Pfeffer aus der Mühle
1/2 TL Worcestershire-Sauce
2 TL Senf, mittelscharf
2 EL Baumnussöl (Walnussöl)

1 Für den Selleriesalat Pinienkerne in einer beschichteten Bratpfanne ohne Fett goldbraun rösten. Beiseite stellen.

2 Currypulver unter das Dressing rühren. Sellerieknolle in gut 1 cm dicke Scheiben schneiden und von diesen mit dem Sparschäler lange, dünne Streifen abziehen. Sofort mit dem Dressing mischen. Apfel ungeschält vierteln, Kerngehäuse entfernen. Viertel in feine Scheiben schneiden, ebenfalls darunter mischen. 30 Minuten ziehen lassen. Anrichten und mit den Pinienkernen und den Alfalfa-Sprossen bestreuen.

3 Für den Rotkrautsalat Rotkabis in feinste Streifen hobeln. Mit dem Zucker mischen und mit den Fingern so lange kneten, bis sich Saft bildet. Kurz ziehen lassen.

4 Fenchel in ebenso dünne Streifen hobeln, Wirsing und Peperoni in feine Streifen schneiden. Restliche Zutaten zu einer Sauce verquirlen. Fenchel, Wirsing und Peperoni mit der Sauce mischen. Rotkabis in einem Sieb abtropfen lassen. Erst kurz vor dem Servieren darunter mischen.

Selleriesalat: pro Portion ca. 3 g Eiweiss, 3 g Fett, 6 g Kohlenhydrate, 260 kJ/62 kcal
kalorienarm, cholesterinfrei, glutenfrei
Rotkrautsalat: pro Portion ca. 3 g Eiweiss, 3 g Fett, 8 g Kohlenhydrate, 298 kJ/71 kcal
kalorienarm, cholesterinfrei, glutenfrei, laktosefrei

TIPP Rohkostsalate sind nicht nur erfrischend, knackig und gut, sie liefern auch das Maximum an Vitaminen, Mineralien und Ballaststoffen, sofern man über möglichst frisches Gemüse verfügt und sparsam schält. Machen Sie also so oft wie möglich den Hobel zum Koch! Weisskohl, Rote Rüben, Steckrüben bzw. Räben, Kohlrabi, Rettich oder Karotten sind ebenfalls bewährte Hobelkandidaten zum Rohessen.

Linsensalat mit Sauerampfer

Zubereitungszeit ca. 15 Minuten
+ über Nacht einweichen
+ 20 Minuten kochen
+ 10 Minuten ziehen lassen

ZUTATEN

für 4 Portionen als Vorspeise,
2 Portionen als Hauptgericht

100 g grüne oder braune Linsen
50 g junge Sauerampferblätter
1/2 Bund glatte Petersilie
150 g Cherrytomaten

DRESSING:

1/4 Würfel Plantaforce® Gemüsebrühe
2 EL Wasser, heiss
1 EL Himbeeressig (siehe Seite 21)
1 TL Senf, mittelscharf
Herbamare® Original
Kelpamare® Pflanzenwürze oder Sojasauce
Pfeffer aus der Mühle
1 EL Olivenöl
1 EL Olivenöl mit Zitrone (siehe Seite 20)

1 Linsen in reichlich Wasser einige Stunden oder über Nacht einweichen.

2 Für das Dressing alle Zutaten im Schüttelbecher mischen. Sauerampferblätter in Streifen schneiden, Petersilie samt Stielen hacken. Tomaten vierteln.

3 Linsen im Einweichwasser halb zugedeckt 15–20 Minuten bissfest garen. Wasser bis auf etwa 2 EL abgiessen. Linsen im noch heissen Kochtopf mit den restlichen Zutaten und dem Dressing mischen. Zugedeckt kurz ziehen lassen.

Lauwarm oder kalt servieren.

Pro Portion als Vorspeise ca. 7 g Eiweiss, 3 g Fett, 15 g Kohlenhydrate, 476 kJ/114 kcal
kalorienarm, cholesterinfrei, glutenfrei, laktosefrei

TIPP Obwohl man Linsen in heutiger Qualität eigentlich nicht mehr einweichen muss, werden sie, einige Stunden eingeweicht, viel bekömmlicher. Dies empfiehlt sich vor allem für blähungsempfindliche Personen. Man kocht sie ohne Salz weich. Der Salat schmeckt auch mit jungen Spinatblättern anstelle von Sauerampfer, ist dann aber weniger frisch und würzig.

Zubereitungszeit ca. 15 Minuten
+ 15 Minuten braten
+ 30 Minuten marinieren

Fenchel-Carpaccio

ZUTATEN
für 4 Portionen

400 g Fenchel
50 g schwarze Oliven, entsteint
Olivenöl zum Braten
1 TL rosa Pfefferkörner, getrocknet
1 Zitrone, Saft
2 EL Olivenöl mit Zitrone (siehe Seite 20)
Herbamare® Original
Pfeffer aus der Mühle

1 Fenchel mit dem Gemüsehobel längs in 3–4 mm dicke Scheiben schneiden, so dass sie beim Wurzelansatz noch zusammenhängen. Oliven längs vierteln. Beides portionenweise in reichlich heissem Öl auf jeder Seite 2–3 Minuten braten, bis der Fenchel etwas Farbe annimmt. Auf Küchenpapier abtropfen lassen.

2 Fenchelscheiben und Oliven auf einer Platte auslegen. Pfefferkörner zwischen den Fingern zerbröseln und darüber streuen. Zitronensaft, Öl, wenig Herbamare und Pfeffer verquirlen. Über den Fenchel träufeln. Zugedeckt 30 Minuten marinieren.

Pro Portion ca. 3 g Eiweiss, 10 g Fett, 7 g Kohlenhydrate, 529 kJ/126 kcal
kalorienarm, cholesterinfrei, glutenfrei, laktosefrei

TIPP Rosa Pfefferkörner stammen nicht von der Pfefferpflanze und sind auch nicht scharf. Sie haben ein mildes, süssliches, leicht an Wacholder erinnerndes Aroma. Durch die brüchige Schale lässt sich rosa Pfeffer ganz einfach zwischen den Fingern zerbröseln.

Peperoni-Mousse mit Petersilienjoghurt

Zubereitungszeit ca. 50 Minuten
+ einige Stunden kühl stellen

ZUTATEN

für 4 Portionen

450 g rote Peperoni (Gemüsepaprika)
1 Schalotte, gehackt
2 Zweige Thymian
1 EL Olivenöl
1 EL Tomatenpüree
1 Würfel Plantaforce® Gemüsebrühe
150 ml Wasser
1,5 Beutel Agar-Agar, 12 g
8 schwarze Oliven, entsteint
180 g Joghurt nature (siehe Tipp)
Herbamare® Original
1/2 Bund glatte Petersilie

1 Peperoni vierteln, entkernen. Mit der Hautseite nach oben auf Alufolie im 200 °C heissen Backofen mit zugeschaltetem Grill 5–10 Minuten rösten, bis die Haut schwarze Blasen wirft. In einem Gefrierbeutel 10 Minuten ruhen lassen, dann die Haut abziehen. Grob würfeln.

2 Schalotte und abgezupfte Thymianblättchen im Öl andünsten. Peperoni und Tomatenpüree beigeben, kurz mitdünsten. Plantaforce-Würfel zerbröckeln, mit dem Wasser dazugeben, aufkochen lassen. Fein pürieren. Zurück in den Kochtopf giessen, aufkochen. Agar-Agar mit 2 EL kaltem Wasser verrühren, darunter schwingen und 2–3 Minuten unter Rühren kochen lassen. Leicht abkühlen lassen.

3 Oliven in kleinste Würfelchen schneiden, zur Peperonimasse geben. Sobald diese ansulzt, 80 g Joghurt beigeben und glatt rühren. Mit Herbamare abschmecken. In 4 Förmchen à 150 ml füllen. Mit Klarsichtfolie bedeckt einige Stunden in den Kühlschrank stellen.

4 Petersilie samt Stielen grob hacken. Mit restlichem Joghurt fein pürieren. Mit Herbamare abschmecken.

5 Peperoniköpfchen auf Teller stürzen und mit dem Petersilienjoghurt anrichten.

Pro Portion ca. 6 g Eiweiss, 5 g Fett, 7 g Kohlenhydrate, 433 kJ/103 kcal
kalorienarm, cholesterinarm, glutenfrei

TIPP Diese ebenso delikate wie leichte Vitaminbombe dürfen Sie sich öfters genehmigen: Peperoni und Petersilie enthalten sehr viel Vitamin C. Joghurt kann man mit A.Vogel Vital-Ferment «Creme-Joghurt» selbst herstellen.

Zubereitungszeit ca. 30 Minuten
+ über Nacht ziehen lassen

Papayasüppchen

ZUTATEN

für 4 Portionen

50 g Pinienkerne
1–2 reife Papaya, ca. 700 g
50 g 5-Korn-Toastbrot
50 g geschälte Mandeln
2 Knoblauchzehen, gepresst
2 EL Molkosan®
1 TL Honig
2 EL Olivenöl
1 TL Paprika, scharf
1 TL Herbamare® Spicy
1/2 Würfel Plantaforce® Gemüsebrühe
200 ml Wasser

1 Pinienkerne in einer beschichteten Bratpfanne ohne Fett goldbraun rösten. 2 EL davon beiseite legen. Papaya entkernen, schälen, klein schneiden. Brot entrinden, würfeln. Mandeln grob hacken. Alles mit den restlichen Zutaten mischen. Zugedeckt über Nacht im Kühlschrank ziehen lassen.

2 Masse fein pürieren, eventuell noch mit etwas Wasser verdünnen. Suppe abschmecken, mit den beiseite gelegten Pinienkernen anrichten.

Pro Portion ca. 8 g Eiweiss, 16 g Fett, 10 g Kohlenhydrate, 889 kJ/212 kcal
cholesterinfrei, laktosefrei

TIPP Alfred Vogel hat die verdauungsfördernde, eiweissspaltende und darmreinigende Wirkung vor allem der Papayakerne über die Massen geschätzt. Man kann gar nicht genug von dieser Frucht essen. Papaya empfiehlt sich bereits zum Frühstück, nach einer üppigen Mahlzeit, als Zwischenverpflegung ausser Haus oder püriert als Saft.

Zubereitungszeit ca. 40 Minuten
+ 40 Minuten kochen
+ auskühlen lassen

Avocadosüppchen

ZUTATEN
für 4 Portionen

75 g Lauch
75 g Knollensellerie
1 Schalotte, gehackt
1 Lorbeerblatt
1 EL A.Vogel Naturreis
1/2 EL Olivenöl
50 ml Weisswein nach Belieben
600 ml Plantaforce® Gemüsebrühe
1 reife Avocado, ca. 250 g
50 g Mascarpone
Herbamare® Original
Kelpamare® Pflanzenwürze oder Sojasauce

1 Lauch und Sellerie klein würfeln. Mit Schalotte, Lorbeer und Reis im Öl gut andünsten. Nach Belieben mit Wein ablöschen, einkochen lassen. Mit Gemüsebrühe auffüllen, aufkochen und zugedeckt 40 Minuten köcheln lassen.

2 Lorbeer entfernen. Avocado halbieren, Hälften gegeneinander drehen, Kern entfernen. Fruchtfleisch schälen, würfeln, dazugeben. Suppe fein pürieren, durch ein Sieb streichen. Mascarpone darunter schwingen, abschmecken. Auskühlen lassen.

Pro Portion ca. 3 g Eiweiss, 14 g Fett, 6 g Kohlenhydrate, 705 kJ/168 kcal
glutenfrei

TIPP Der Alkohol verflüchtigt sich fast völlig beim Kochen. Nach Beigabe der Avocado nicht mehr aufkochen, sonst werden die Vitalstoffe zerstört und die Suppe schmeckt bitter. Die Suppe kann aber durchaus lauwarm serviert werden. Alfred Vogel schätzte die Vorzüge der Avocado sehr: Die exotische «Butterfrucht» ist ausgesprochen vitamin- und mineralstoffreich, besitzt viel Lezithin und einen hohen Anteil ungesättigter Fettsäuren.

Golderbsen-Dip:
Zubereitungszeit ca. 30 Minuten
+ 60 Minuten kochen
Linsen-Pâté:
Zubereitungszeit ca. 20 Minuten
+ 20 Minuten kochen

Golderbsen-Dip
Linsen-Pâté

ZUTATEN

für je 400 g

GOLDERBSEN-DIP:

100 g Gelberbsen, getrocknet
1/2 Schalotte, gehackt, 1 Lorbeerblatt
1/2 EL Olivenöl
50 ml Weisswein nach Belieben
400 ml Wasser, kalt
50 g grüne Oliven, entsteint
1/2 Bund Pfefferminze
1/2 Würfel Plantaforce® Gemüsebrühe
1 TL Senf, mittelscharf
1 EL Baumnussöl (Walnussöl)

LINSEN-PÂTÉ:

100 g grüne Linsen
1/2 Schalotte, gehackt
1 kleiner Zweig Rosmarin
3 Zweige Thymian, 1 Lorbeerblatt
500 ml Wasser, kalt
1/2 Würfel Plantaforce® Gemüsebrühe
1 EL Sherryessig
1 EL Olivenöl

1 Für den Golderbsen-Dip Erbsen waschen, gut abtropfen lassen. Mit Schalotte und Lorbeer im Öl andünsten. Mit Wein ablöschen, einkochen lassen. Wasser beigeben, aufkochen. Zugedeckt 60 Minuten weich garen. Lorbeer entfernen, Erbsen in einem Sieb abtropfen lassen, Kochflüssigkeit auffangen.

2 Oliven und Minze grob hacken. Mit Erbsen, zerdrücktem Plantaforce-Würfel, Senf und 150 ml der Kochflüssigkeit in einem Cutter oder im Mixglas der Küchenmaschine fein pürieren. Je nach gewünschter Konsistenz noch etwas Kochflüssigkeit beigeben. Am Schluss das Öl bei laufendem Gerät tropfenweise darunter arbeiten.

3 Für die Linsen-Pâté Linsen waschen, gut abtropfen lassen. Mit den weiteren Zutaten bis und mit Wasser aufkochen. Halb zugedeckt 20 Minuten weich garen. Kräuter entfernen, Linsen in einem Sieb abtropfen lassen, Kochflüssigkeit auffangen.

4 Linsen mit zerdrücktem Plantaforce-Würfel, Essig und 150 ml der Kochflüssigkeit wie oben pürieren. Am Schluss das Öl bei laufendem Gerät tropfenweise darunter arbeiten.

Golderbsen-Dip: pro 100 g ca. 5 g Eiweiss, 5 g Fett,
12 g Kohlenhydrate, 486 kJ/117 kcal
Linsen-Pâté: pro 100 g ca. 6 g Eiweiss, 2 g Fett,
13 g Kohlenhydrate, 400 kJ/96 kcal
kalorienarm, cholesterinfrei, glutenfrei, laktosefrei

TIPP Der Alkohol verflüchtigt sich fast völlig beim Kochen. Die Pürees eignen sich auch als Brotaufstrich und, mit etwas mehr Kochflüssigkeit püriert, als laktose- und glutenfreie Saucen, die man leicht erwärmen kann. Hülsenfrüchte sind ballaststoffreiche, nahrhafte Vitalstoffbömbchen mit viel pflanzlichem Eiweiss.

Zubereitungszeit ca. 20 Minuten
+ über Nacht einweichen
+ 30 Minuten kühl stellen
+ 15 Minuten backen

Kichererbsen-Grissini

ZUTATEN
für ca. 50 Stück

100 g getrocknete Kichererbsen
1/4 TL Kreuzkümmelsamen
1 kleines Ei
1 Knoblauchzehe, gepresst
1 Briefchen Safranpulver (125 mg)
1 TL Herbamare® Spicy
Pfeffer aus der Mühle
1 EL Olivenöl mit Zitrone (siehe Seite 20)

1 Am Vortag: Kichererbsen und Kreuzkümmel in ca. 1/2 Liter kaltem Wasser über Nacht (12 Stunden) einweichen.

2 Am Zubereitungstag: Kichererbsen in einem Sieb abtropfen lassen. Mit den restlichen Zutaten in einem Cutter oder im Mixglas der Küchenmaschine bei niedrigen Touren zu einer dicken Paste verarbeiten.

3 Paste zwischen Backpapier zu einem Rechteck von ca. 15x25 cm Grösse und 0,5 cm Dicke auswallen. Mindestens 30 Minuten kühl stellen.

4 Backofen auf 180 °C vorheizen. Oberes Backpapier entfernen, Teig auf einem Blech in die Ofenmitte schieben. 5 Minuten vorbacken. Herausnehmen, mit einem Messer oder mit dem Pizzaschneider in 0,5 cm breite Streifen schneiden. Wieder in den Ofen schieben und 10–12 Minuten fertig backen.

5 Die ausgekühlten Streifen vorsichtig voneinander trennen.

Pro Stück ca. <1 g Eiweiss, <1 g Fett, 1 g Kohlenhydrate, 40 kJ/9 kcal
kalorienarm, glutenfrei, laktosefrei

TIPP Die Grissini passen als kleine Beilage zu Suppen, Salaten oder Dips. Keine vorgekochten Kichererbsen verwenden, diese binden den Teig nicht mehr. Kichererbsen sind sehr gesunde, nahrhafte, ballaststoffreiche Eiweissspender, die lange sättigen und im Vergleich zu anderen Hülsenfrüchten wenig blähen.

Warme Vorspeisen

DINKEL, GRÜNKERN, BUCHWEIZEN Dinkel oder Urkorn wird meist biologisch angebaut. Er ist ein naher Verwandter des Saatweizens, hat aber im Gegensatz zu diesem seine Urform bewahrt. Das heisst, der Spelz ist fest mit dem Korn verbunden, was seine Verarbeitung zwar aufwändiger macht, das Korn aber besser vor Verschmutzung schützt. In der Vollwertküche wird Dinkel auch wegen seiner hervorragenden Backeigenschaften geschätzt. Dinkelgebäck ist luftiger und heller als Backwaren aus Weizenvollkorn.

Dinkel wie Grünkern, der geröstete Dinkel, besitzen einen nussartigen Geschmack, wobei beim Grünkern eine leicht rauchige Note dazukommt. Geröstet wurde dieser früher, wenn der unreife Dinkel aus Witterungsgründen geerntet werden musste. Heute geschieht das absichtlich und extra früh, solange die Körner noch keine Stärke gebildet haben und saftig sind. Gedörrter Grünkern kann ebenso wie Dinkel zu Mehl gemahlen werden. Aus Dinkelmehl kann man einen feinen Pastateig herstellen. Für die Rezepte «Dinkel-Farfalle mit Zitronensauce» auf S.68 und «Gebackener Bärlauch-Raviolo» auf S.108 haben wir ihn verwendet, wobei sich natürlich auch andere Pastagerichte damit zubereiten lassen. Aus glutenfreiem Buchweizenmehl lässt sich Pastateig im Haushalt dagegen nicht selbst machen, da das Mehl zu wenig bindende Eigenschaften aufweist. Im Handel sind jedoch glutenfreie Teigwaren aus Mais- oder Buchweizenmehl erhältlich. Die japanischen Soba-Nudeln bestehen ebenfalls aus Buchweizen und können bedenkenlos bei Gluten-Unverträglichkeit gegessen werden. Buchweizen ist übrigens kein Getreide, es handelt sich dabei um die stärke- und eiweissreichen Früchte eines Knöterichgewächses, die man zu Mehl mahlen kann.

Grundrezept Dinkel-Pastateig: Für etwa 350 g Teig (für 4 Personen): 2 grosse Eier à ca. 64 g in eine Schüssel aufschlagen und wiegen (= ca. 115 g). Ungefähr 230 g feinen Dinkelgriess (doppelte Menge des Ei-Gewichtes) dazugeben, zu einem sehr festen Teig kneten. In Klarsichtfolie eingepackt im Kühlschrank 30 Minuten ruhen lassen. Teig mit Hilfe einer Pastawalze dünn auswallen, etwas antrocknen lassen. Mit einem Messer oder dem Pizzaschneider in 1 cm breite Nudeln oder beliebige Formen schneiden oder zu Farfalle formen. In reichlich Salzwasser 5–6 Minuten al dente kochen.

Je öfter der Teig beim Auswallen zusammengefaltet und wieder ausgewallt wird, desto geschmeidiger und feiner wird er. Mit Ei zubereitete Teigwaren trocknet man nicht, sondern friert sie besser ein. Der Teig kann auch mit Hartweizendunst zubereitet werden.

OLIVEN Tafeloliven sind als Antipasti sehr beliebt. Sie weisen zwar einen geringeren Ölgehalt auf als Öloliven, sind aber immer noch gehaltvolle Früchtchen, die sich dank ihrer einfach ungesättigten Fettsäuren positiv auf Herz und Kreislauf auswirken. In Olivenöl eingelegt, sind sie ohne Konservierungsstoffe lange haltbar. Frisch vom Baum sind Oliven ungeniessbar, weil hart und bitter. Oliven eignen sich nicht nur zum Apéro. Ob schwarz oder grün, mit Paprika, Sardellen oder Mandeln gefüllt, pur, entsteint, in Ringe geschnitten oder ganz: Dank ihrer bitter-pikanten Note machen sie sich hervorragend in fruchtigen Salaten, z.B.mit Mango oder Granatapfel, in orientalischen Getreidespeisen oder mediterranen Fischgerichten mit Tomaten und Herbes de Provence. Apropos Provence: Aus schwarzen Oliven bereitet man vor allem in Südfrankreich eine Olivenpaste zu,

die Tapenade, die vielen Gerichten das gewisse Etwas verleiht und auch als Brotaufstrich köstlich schmeckt. Sie wird unter kalte und warme Zubereitungen gemischt oder separat mit Grissini oder gerösteten Brotscheiben serviert.

Grundrezept Tapenade: 6 Sardellenfilets samt Öl mit 70 g Kapern, 200 g schwarzen Oliven ohne Stein, 2 EL Zitronensaft und 1 EL Kräutermischung «Herbes de Provence» im Cutter oder im Mixer zu einer Paste verarbeiten. Mit Pfeffer abschmecken. Im Kühlschrank einige Wochen haltbar.

WIESEN- UND GARTENKRÄUTER Kräuter sind ein wunderbares Geschenk der Natur. Sie bereichern die Küche immens und kosten so wenig – nichts, wenn man sie selbst sammelt oder im Garten hat. Doch reichen die Kenntnisse der meisten heute nicht über das Übliche hinaus: Basilikum, Rucola, Schnittlauch usw. kennt jedes Kind, aber von den Schätzen, die man vor der Haustür findet, weiss kaum einer Namen und Verwendung. Da hilft nur eins: Bestimmungsbuch kaufen und selbst experimentieren oder sich von jemandem, der sich auskennt, anleiten lassen. Das Vergnügen, mit mehr als Kresseblüten oder Bärlauchblättern zu spielen, zahlt sich aus! Zum Beispiel mit Sauerampfer, Sauerklee, Beinwell, Brennnesseln oder Löwenzahn, deren Blätter man übrigens wie Spinat verwenden kann. Wenn man bei Küchenkräutern mit zarten Stielen dieselben fein mithackt, schmecken die Kräuter intensiver, da die Stiele wertvolle Aromastoffe enthalten. Die wenigsten Kräuter vertragen es, in der Pfanne oder auf dem Grill gebraten zu werden. Deshalb entfernt man sie, wenn sie zuvor Teil einer Marinade waren, oder gibt sie erst gegen Ende der Garzeit dazu. Das gilt auch für hitzeempfindliche Kräuter, die weder im Suppen- noch im Schmortopf landen sollten, wie Basilikum, Koriander oder Schnittlauch. Robustere, meist mediterrane Kräuter wie Thymian, Rosmarin, Salbei, Majoran, Lorbeer, Liebstöckel oder Bohnenkraut halten wie die meisten Gewürze längeres Erhitzen aus. Danach sind aber auch sie nicht mehr appetitlich anzusehen, weshalb man sie zum Kräutersträusschen bindet oder in ein Säckchen gibt (z.B. einen Teefilter), mit Küchengarn verschnürt, vor dem Servieren entfernt und durch frische Kräuter ersetzt. Immer fein machen sich frische Kräuter in der kalten Küche, vor allem in Verbindung mit Butter, einem guten Olivenöl oder Quark.

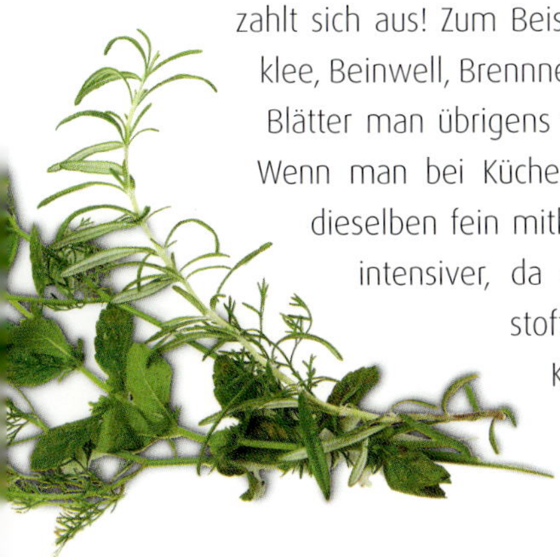

Grundrezept Kräuterdip: 150 g Rahmquark mit 2 EL frischen, gemischten, gehackten Kräutern, 1 TL mittelscharfem Senf und 1/2 TL Paprikapulver mischen. Mit Herbamare Original abschmecken.

Mit gekauften Dinkel-Kräckern oder Kichererbsen-Grissini (siehe Seite 44) servieren oder mit einem Spritzbeutel auf 3 cm gross geschnittene Pumpernickel-Quadrate dressieren.

Zucchini und Auberginen mit Kichererbsenpüree

Zubereitungszeit ca. 30 Minuten
+ über Nacht einweichen
+ 90 Minuten kochen
+ 30 Minuten ziehen lassen

ZUTATEN

für 4 Portionen

KICHERERBSENPÜREE:

90 g getrocknete Kichererbsen
1/4 TL Kreuzkümmelsamen
1/2 Knoblauchzehe, gepresst
1 Briefchen Safranpulver (125 mg)
1/2 Würfel Plantaforce® Gemüsebrühe
1 EL Olivenöl mit Zitrone (siehe Seite 20)

1 Zucchino
1 kleine Aubergine
Meersalz
Olivenöl
einige Zweige glatte Petersilie
Pfeffer aus der Mühle

1 Am Vortag: Für das Püree Kichererbsen und Kreuzkümmel in ca. 1/2 Liter kaltem Wasser über Nacht (12 Stunden) einweichen.

2 Am Zubereitungstag: Kichererbsen zugedeckt im Einweichwasser ca. 90 Minuten weich kochen. In einem Sieb abtropfen lassen, Kochflüssigkeit auffangen. Kichererbsen samt Kreuzkümmel, Knoblauch, Safran, zerdrücktem Plantaforce-Würfel und 150 ml der Kochflüssigkeit in einem Cutter oder im Mixglas der Küchenmaschine fein pürieren. Je nach gewünschter Konsistenz noch etwas Kochflüssigkeit beigeben. Am Schluss das Öl bei laufendem Gerät tropfenweise darunter arbeiten.

3 Unterdessen Zucchino und Aubergine in 1 cm dicke Scheiben schneiden. Mit reichlich Salz bestreuen und 30 Minuten ziehen lassen.

4 Gemüse mit kaltem Wasser überbrausen, trocken tupfen. Beidseitig mit wenig Olivenöl bepinseln. In der Grillpfanne oder auf dem Grill auf jeder Seite kurz grillen, bis die Scheiben etwas Farbe annehmen.

5 Gemüse mit dem Püree und Petersilie anrichten. Mit Pfeffer bestreuen.

Pro Portion ca. 6 g Eiweiss, 4 g Fett, 13 g Kohlenhydrate, 461 kJ/110 kcal
kalorienarm, cholesterinfrei, glutenfrei, laktosefrei

TIPP Das Kichererbsenpüree kann, mit weniger Kochwasser püriert, auch als Dip verwendet werden, z.B. zu Vollkorncrackern, Karotten, Sellerie, Blumenkohl, Brokkoli und Roter Bete – sowohl roh als auch so gedämpft, dass sie noch leichten Biss haben. Die Auberginen- und Zucchinischeiben können auch auf Backpapier im 200 °C heissen Backofen ca. 25 Minuten gegart werden.

Zubereitungszeit ca. 40 Minuten
+ 30 Minuten ruhen lassen

Gefüllte Beinwellblätter

ZUTATEN
für 20 Stück

TEIG:
1 kleines Ei
50 ml Bier
1/4 TL Herbamare® Original
25 g Buchweizenmehl
10 g Butter, flüssig

FÜLLUNG:
5–6 Zweige Majoran
200 g Frischkäse (siehe Tipp)
1/4 TL Herbamare® Original
Pfeffer aus der Mühle

40 Beinwellblätter, ca. 10 cm lang, aus dem Garten
Olivenöl zum Braten

1 Für den Teig alle Zutaten mischen, 30 Minuten ruhen lassen.

2 Für die Füllung Majoran hacken, mit den übrigen Zutaten mischen.

3 Beinwellblätter ausschütteln, möglichst nicht waschen, gegebenenfalls mit einem weichen Pinsel reinigen. Je 1 TL Füllung auf die behaarte Unterseite der Hälfte der Blätter streichen. Mit der Unterseite der restlichen Blätter bedecken.

4 Eine Servierplatte im Backofen bei 80 °C vorwärmen. Vorbereitete Blätter portionenweise durch den Teig ziehen, in reichlich heissem Öl beidseitig je 3–4 Minuten halb schwimmend ausbacken. Auf Haushaltpapier legen und auf der Platte im Ofen warm stellen.

Zum Servieren mit Pfeffer bestreuen.

Pro Stück ca. 2 g Eiweiss, 5 g Fett, 2 g Kohlenhydrate, 240 kJ/57 kcal
glutenfrei

TIPP Anstelle von Beinwellblättern können auf diese Art auch sehr grosse Salbei-, Ampfer- oder Brennnesselblätter zubereitet werden. Für die Füllung eignet sich Frischkäse vom Typ Philadelphia oder Gervais.

Kleine Artischocken mit Pfefferminzfüllung

Zubereitungszeit ca. 50 Minuten
+ 20 Minuten garen

ZUTATEN
für 20 Stück, 4–6 Portionen

1/2 Zitrone
2 TL Meersalz
750 g Baby-Artischocken, nicht grösser als ein Ei, ca. 20 Stück
1 Bund glatte Petersilie
1/2 Bund Pfefferminze
4 Sardellenfilets
2 Knoblauchzehen, gepresst
4 EL Paniermehl (Semmelbrösel)
2 EL Aceto balsamico rosso
Herbamare® Original
Pfeffer aus der Mühle
2 EL Olivenöl
50 ml Weisswein oder Plantaforce® Gemüsebrühe

1 Zitrone auspressen, mit Salz und ca. 2 Liter kaltem Wasser in einem Kochtopf mischen. Jeweils Stiel und oberes Drittel der Artischocken wegschneiden. Harte Blätter grosszügig entfernen. Artischocken sofort in das Zitronenwasser legen. Erhitzen und ca. 10 Minuten köcheln lassen. Kalt abschrecken, gut abtropfen lassen.

2 Petersilie mit den Stielen, Minzeblätter und Sardellen hacken. Mit Knoblauch im Mörser zerstossen oder im Cutter pürieren. Paniermehl und Balsamico darunter mischen. Mit Herbamare und Pfeffer würzen.

3 Backofen auf 180 °C vorheizen. Kräuterfüllung in ganz kleinen Mengen (mit Hilfe eines Mokkalöffels) zwischen die Artischockenblätter geben. Artischocken wieder etwas zusammendrücken, um so die Füllung zu verteilen. 1 EL Öl in einer Gratinform verteilen. Artischocken kopfüber in die Form stellen. Restliches Öl und den Wein darüber träufeln. In der Ofenmitte 20 Minuten garen.

Heiss, lauwarm oder kalt servieren.

Pro Stück ca. <1 g Eiweiss, <1 g Fett, 2 g Kohlenhydrate, 68 kJ/16 kcal
kalorienarm, cholesterinfrei, laktosefrei

TIPP Auf die gleiche Art können auch 4 grosse Artischocken zubereitet werden. Je nach Grösse verlängert sich die Kochzeit im Wasser auf 30–45 Minuten.
Artischocken enthalten wertvolle Bitterstoffe, die sich günstig auf Leber und Galle auswirken. Sie fördern den Appetit, sind gut für die schlanke Linie und bringen die Verdauung in Schwung.

Zubereitungszeit ca. 40 Minuten
+ 30 Minuten wässern
+ 90 Minuten kochen
+ auskühlen lassen

Gefüllte Weinblätter

ZUTATEN

für 20 Stück

FÜLLUNG:

25 g Pistazien, gesalzen, geschält
50 g Sultaninen
150 g A.Vogel Naturreis
1 Schalotte, gehackt
1 Gewürznelke
1 Lorbeerblatt
1 EL Olivenöl mit Zitrone (siehe Seite 20)
25 g Pinienkerne
1 Messerspitze Zimtpulver
400 ml Wasser
1 Würfel Plantaforce® Gemüsebrühe
1/2 Bund glatte Petersilie
1/2 Bund Pfefferminze
Herbamare® Spicy
Pfeffer aus der Mühle

20 Weinblätter, in Salzlake eingelegt, aus dem Delikatessladen
1 Zitrone

1 Weinblätter vorsichtig auseinanderfalten und 30 Minuten in kaltes Wasser legen. Für die Füllung Pistazien grob, Sultaninen fein hacken. Reis waschen, gut abtropfen lassen. Schalotte, Nelke und Lorbeer im Öl kurz andünsten. Reis, Pistazien, Sultaninen, Pinienkerne und Zimt beigeben, gut mitdünsten. Mit Wasser ablöschen, Plantaforce-Würfel beigeben. Nicht ganz zugedeckt bei kleiner Hitze ca. 45 Minuten köcheln, bis die Flüssigkeit verdampft ist. Nelke und Lorbeer entfernen. Auskühlen lassen.

2 Petersilie mit den Stielen und Minzeblätter fein hacken. Unter den Reis mischen und abschmecken. Weinblätter abtropfen, trocken tupfen und mit der Unterseite nach oben auslegen. Allenfalls vorhandene Stiele wegschneiden. Auf jedes Blatt ca. 1 EL Reismasse geben, Ränder seitlich über der Füllung einschlagen und aufrollen. In einen Kochtopf geben, mit Wasser knapp bedecken und mit einem Teller beschweren. Aufkochen und bei kleinster Hitze zugedeckt ca. 45 Minuten schmoren. Verbleibende Flüssigkeit abgiessen.

Lauwarm oder kalt mit Zitronenschnitzen servieren.

Pro Röllchen ca. 1 g Eiweiss, 2 g Fett, 8 g Kohlenhydrate, 234 kJ/56 kcal
cholesterinfrei, glutenfrei, laktosefrei

TIPP Die Röllchen können im späten Frühjahr auch mit frischen (ungespritzten) Blättern von Tafeltrauben zubereitet werden, solange die Blätter noch zart und nicht bitter sind. Diese portionenweise in reichlich Salzwasser 30 Sekunden blanchieren und kalt abschrecken.

Topinambur-Flan mit Pilz-Fonduta

Zubereitungszeit ca. 35 Minuten
+ 50 Minuten garen

ZUTATEN

für 4 Portionen

FLANS:

2 Zweige Majoran
300 g Topinambur
2 EL weisser Portwein nach Belieben
50 g Rahmquark (Sahnequark)
1/2 Würfel Plantaforce® Gemüsebrühe
1 grosses Ei
Herbamare® Original
Pfeffer aus der Mühle
Butter für die Förmchen

PILZ-FONDUTA:

50 g kleine, braune Champignons
100 g Fontina (vollfetter Halbhartkäse aus dem Aostatal) oder Fontal
1/2 TL Maisstärke
50 ml Vollrahm (Sahne)
1 Eigelb

1 Vom Majoran die Blättchen zupfen, hacken und beiseite stellen. Topinambur unter fliessendem Wasser gut abbürsten, würfeln. Mit Portwein und den leergezupften Majoranstängeln in einer ungelochten Schale im Dampf 20–25 Minuten gut weich garen. Majoranstängel entfernen. Gemüse mit Quark und zerdrücktem Plantaforce-Würfel mischen, pürieren. Auskühlen lassen.

2 4 Timbaleförmchen à 100 ml mit Butter ausstreichen. Majoran und Ei verquirlen, unter die Topinamburmasse mischen, mit Herbamare und Pfeffer abschmecken. In die Förmchen füllen. Mit Alufolie verschliessen. 25 Minuten im Dampf garen (Dampfgarer bei 100 °C oder im Dämpfeinsatz eines Kochtopfs).

3 Unterdessen für die Fonduta Champignons in feine Scheiben schneiden, beiseite stellen. Käse würfeln, mit Maisstärke und Rahm in einem Saucenpfännchen mischen. Unter ständigem Rühren bei kleiner Hitze erwärmen, bis der Käse schmilzt und Fäden zieht. Eigelb beifügen, Hitze leicht erhöhen, weiter rühren, bis die Sauce bindet, jedoch nicht kocht. Mit Herbamare und Pfeffer abschmecken. Champignons dazugeben, nur noch heiss werden lassen.

4 Topinambur-Flans auf Teller stürzen und mit der Sauce servieren.

Pro Portion ca. 12 g Eiweiss, 18 g Fett, 5 g Kohlenhydrate, 979 kJ/234 kcal
glutenfrei

TIPP Der Alkohol verflüchtigt sich fast völlig beim Kochen. Anstelle der kohlehydratreichen, insulinhaltigen Topinamburknollen (günstig für Diabetiker) eignen sich auch mehlig kochende Kartoffeln. Die Flans können vorbereitet und im Kühlschrank über Nacht aufbewahrt werden. Die Garzeit verlängert sich dadurch um ca. 5 Minuten. Flans im Backofen pochieren: Eine tiefe Gratinform im Ofen bei 180 °C vorwärmen. Zum Garen die Förmchen in die Gratinform stellen und mit kochendem Wasser bis unter den Rand der Förmchen auffüllen. Die Garzeit bleibt gleich.

Zubereitungszeit ca. 20 Minuten
+ 20 Minuten kochen

Brennnesselsüppchen

ZUTATEN

für 4 Portionen

100 g Kartoffeln, mehlig kochend
100 g Fenchel
50 g Lauch
1 Schalotte, gehackt
1 Lorbeerblatt
3 Zweige Thymian
1 EL Olivenöl
750 ml Plantaforce® Gemüsebrühe
100 g junge Brennnesselblätter
20 g junge Spitzwegerichblätter
Trocomare®
Pfeffer aus der Mühle

1 Kartoffeln und Fenchel klein würfeln. Lauch hacken, mit Schalotte, Lorbeer und Thymian im Öl andünsten. Kartoffeln und Fenchel kurz mitdünsten. Mit der Gemüsebrühe ablöschen. Zugedeckt 20 Minuten köcheln lassen. Kräuter entfernen.

2 Brennnessel und Spitzwegerich beigeben, nur noch so lange kochen, bis die Blätter zusammengefallen sind. Suppe fein pürieren. Mit Trocomare und Pfeffer abschmecken.

Pro Portion ca. 2 g Eiweiss, 2 g Fett, 9 g Kohlenhydrate, 243 kJ/58 kcal
kalorienarm, cholesterinfrei, glutenfrei, laktosefrei

TIPP Pflücken Sie von Brennnesseln (mit Handschuhen!) nur die Spitzen, vom Spitzwegerich die obersten, zarten Blätter, beides am besten im Frühjahr. Kurz aufgekocht, verlieren Brennnesseln ihre Brennwirkung. Spitzwegerichblätter besitzen eine leicht herbe Note zwischen Kohl und Spinat und lassen sich wie Bärlauch, Sauerampfer oder Löwenzahn verwenden, roh oder gekocht. Ersatzweise nimmt man Spinat oder zarte Kohlrabiblätter oder erhöht die Menge der Brennnesseln.

Blumenkohl-Birnen-Suppe

Zubereitungszeit ca. 45 Minuten
+ 15 Minuten kochen

ZUTATEN
für 4 Portionen

500 g Blumenkohl
1 EL Apfel- oder Weissweinessig
Meersalz
300 g Birnen
1/2 Schalotte, gehackt
1/4 Knoblauchzehe, gepresst
1 EL Butter
1 Zweig Rosmarin
50 ml Weisswein nach Belieben
500 ml Plantaforce® Gemüsebrühe
100 g Stilton oder ein anderer Blauschimmelkäse
Herbamare® Original
Pfeffer aus der Mühle
1 EL schwarze Sesamsamen nach Belieben

1 Blumenkohl in Röschen teilen. 2 Minuten in kochendem Essig-Salz-Wasser blanchieren, gut abtropfen lassen. 100 g ganz kleine Röschen als Einlage beiseite legen. Birnen schälen, Kerngehäuse herausschneiden, in Scheibchen schneiden.

2 Schalotte und Knoblauch in der Butter andünsten. Abgezupfte Rosmarinnadeln, Blumenkohl und Birnen beigeben, kurz mitdünsten. Mit Wein ablöschen, einkochen lassen. Mit Gemüsebrühe auffüllen, aufkochen und zugedeckt 15 Minuten köcheln lassen.

3 Suppe samt Rosmarin pürieren und durch ein feines Sieb zurück in den Kochtopf streichen. Käse grob würfeln, beigeben, langsam unter Rühren erhitzen, bis der Käse geschmolzen ist, jedoch nicht mehr kochen lassen. Abschmecken.

4 Beiseite gelegte Blumenkohl-Röschen in Suppenteller oder -schalen verteilen. Die heisse Suppe darüber giessen und nach Belieben mit Sesamsamen bestreuen.

Pro Portion ca. 9 g Eiweiss, 10 g Fett, 14 g Kohlenhydrate, 756 kJ/181 kcal
glutenfrei

TIPP Der Alkohol verflüchtigt sich fast völlig beim Kochen. Nebst dem feinen Aroma des Blumenkohls verbindet sich die leichte Süsse der Birnen harmonisch mit dem pikanten Käse. Die Suppe schmeckt auch mit Brokkoli anstelle von Blumenkohl.
Blumenkohl reguliert den Blutdruck, enthält reichlich Magnesium und Vitamin C.

Selleriesuppe mit Dillsamen

Zubereitungszeit ca. 30 Minuten
+ 30 Minuten kochen

ZUTATEN
für 4 Portionen

150 g Stangensellerie
150 g Knollensellerie
100 g Kartoffeln, mehlig kochend
1 grosse Zwiebel, gehackt
1 TL Dillsamen
1 EL Olivenöl mit Zitrone (siehe Seite 20)
50 ml Weisswein nach Belieben
600 ml Plantaforce® Gemüsebrühe
Trocomare®
Pfeffer aus der Mühle

1 Stangensellerie in Scheibchen, Knollensellerie und Kartoffeln in Würfel schneiden. Mit Zwiebel und Dillsamen im Öl gut andünsten. Mit Wein ablöschen, einkochen lassen. Mit Gemüsebrühe auffüllen, aufkochen und zugedeckt 30 Minuten köcheln lassen.

2 Suppe fein pürieren, durch ein Sieb streichen. Abschmecken.

Dazu passen Kichererbsen-Grissini (siehe Seite 44).

Pro Portion ohne Grissini ca. 2 g Eiweiss, 2 g Fett, 8 g Kohlenhydrate, 221 kJ/51 kcal
kalorienarm, cholesterinfrei, glutenfrei, laktosefrei

TIPP Der Alkohol verflüchtigt sich fast völlig beim Kochen. Dillsamen sind in Drogerien erhältlich. Die Suppe schmeckt auch gekühlt. Nach Alfred Vogel ist Sellerie gut für die Nieren und verhindert Griess- und Steinbildung. Stark basenüberschüssigen Selleriesaft empfiehlt er vor allem älteren Menschen zur Ankurbelung der Lebensgeister und Anregung der Ausscheidung.

Dinkel-Focaccia mit Ziegenkäse und Oliven

Zubereitungszeit ca. 35 Minuten
+ 60 Minuten gehen lassen
+ 10 Minuten backen

ZUTATEN
für 4 Portionen

FOCACCIA-TEIG:
10 g Frischhefe
150 ml Milch, lauwarm
250 g helles Dinkelmehl
3/4 TL Herbamare® Original
1 EL Olivenöl

BELAG:
100 g Ziegenfrischkäse
1 rote Zwiebel
1 rote Peperoni (Gemüsepaprika)
50 g grüne Oliven, entsteint
1 Knoblauchzehe
1 Zweig Rosmarin
2 EL Olivenöl
Pfeffer aus der Mühle

1 Für den Vorteig Hefe in 2–3 EL der Milch auflösen. 2 EL Mehl beigeben, glatt rühren. Etwa 100 g Mehl darüber streuen. Zugedeckt bei Zimmertemperatur ca. 30 Minuten stehen lassen, bis die Oberfläche des Mehls aufbricht.

2 Restliches Mehl mit Herbamare mischen, verbliebene Milch und Öl beigeben, mischen. Vorteig dazugeben, zu einem geschmeidigen Teig kneten. Zugedeckt auf das Doppelte aufgehen lassen (ca. 60 Minuten).

3 Backofen mit Blech auf 220 °C vorheizen. Teig auf etwas Mehl zu einem Rechteck von ca. 30 x 35 cm auswallen, auf ein Backpapier legen. Mit den Fingerspitzen viele Vertiefungen in den Teig drücken. Käse zerbröckeln. Zwiebel und Peperoni in feine Streifen, Oliven in Ringe, Knoblauch in feine Scheibchen schneiden. Rosmarinnadeln hacken. Alles mit dem Öl mischen, auf dem Teig verteilen. Mit Herbamare und Pfeffer würzen.

4 Backpapier samt Teig auf das Blech ziehen, im unteren Bereich des Ofens 8–10 Minuten knusprig backen.

5 In Stücke schneiden und heiss servieren.

Pro Portion ca. 14 g Eiweiss, 10 g Fett, 48 g Kohlenhydrate, 1433 kJ/343 kcal

TIPP Mit einem Salat ergibt die Focaccia ein Hauptgericht für 2 Personen. Der Teig eignet sich auch für Pizza, die Menge reicht für 2 dünne Böden von ca. 25 cm Durchmesser. Wer Ziegenkäse nicht mag, kann Büffelmozzarella oder Ricotta verwenden.

Dinkel-Farfalle mit Zitronensauce

Zubereitungszeit ca. 60 Minuten
+ 30 Minuten antrocknen lassen

ZUTATEN

für 4 Portionen als Vorspeise,
2 Portionen als Hauptgericht

1 Portion Dinkel-Pastateig, ca. 350 g (Seite 48)
Meersalz
1/2 Bund Schnittlauch

ZITRONENSAUCE:

1 unbehandelte Zitrone
1 Schalotte, gehackt
1 Knoblauchzehe, gepresst
1 TL Honig, flüssig
1 EL Butter
2 TL frischer Ingwer, gerieben
50 ml weisser Portwein
300 ml Plantaforce® Gemüsebrühe
150 ml Vollrahm (Sahne)
50 g Parmesan, frisch gerieben
Herbamare® Original
Pfeffer aus der Mühle

1 Für die Farfalle den Pastateig mit Hilfe einer Pastawalze ca. 1 mm dünn auswallen. Mit einem Messer oder dem Teigrädchen in 7 cm grosse Quadrate schneiden. Jedes Quadrat drei- oder viermal im Zickzack falten und in der Mitte gut zusammendrücken, so dass eine Schmetterlingsform entsteht. Offen 30 Minuten antrocknen lassen, dann bis zum Kochen zugedeckt beiseite stellen oder bis zur Verwendung einfrieren.

2 Für die Sauce die Hälfte der Zitronenschale mit dem Sparschäler dünn abziehen, in feine Streifen schneiden, beiseite legen. Schale der ganzen Zitrone dick abschälen, so dass auch die weisse Innenhaut entfernt wird, Fruchtfleisch würfeln. Schalotte, Knoblauch und Honig in der Butter kurz andünsten. Zitronenwürfel und Ingwer beigeben, alles zu einem Mus köcheln. Mit Portwein und Gemüsebrühe ablöschen, etwas einkochen lassen. Durch ein feines Sieb passieren, dickflüssig einkochen lassen. Rahm und Parmesan beigeben, aufkochen, abschmecken.

3 Farfalle in Salzwasser 5–6 Minuten al dente kochen. 2 Minuten vor Ende der Kochzeit die Zitronenstreifen dazugeben und mitkochen. Pasta abgiessen, samt den Streifen mit der Sauce mischen.

4 Schnittlauch in 2 cm lange Stücke schneiden und darüber streuen.

Pro Portion als Vorspeise ca. 13 g Eiweiss, 22 g Fett, 47 g Kohlenhydrate, 1789 kJ/427 kcal

TIPP Der Alkohol verflüchtigt sich fast völlig beim Kochen. Anstelle von Portwein kann auch weisser Traubensaft verwendet werden. Das passierte Zitronenpüree muss genügend eingekocht werden, damit der Rahm nicht gerinnt. Keinen Halbrahm verwenden.
Die frische, rassige Schärfe des Ingwers wirkt in der Kombination mit Dinkel sehr belebend. Ingwer fördert die Verdauung und die Aufnahme der Vitalstoffe aus der Nahrung.

Jakobsmuscheln auf Limetten-Lauch

Zubereitungszeit ca. 25 Minuten
+ 20 Minuten garen

ZUTATEN

für 4 Portionen als Vorspeise,
2 Portionen als Hauptgericht

50 ml Olivenöl
1/2 TL Anissamen
1 Limette
1 rote Chilischote
1/4 Würfel Plantaforce® Gemüsebrühe
Kelpamare® Pflanzenwürze oder Sojasauce
Pfeffer aus der Mühle
300 g Jakobsmuscheln, ausgelöst, ohne orangefarbenen Corail
2 Zweige Rosmarin
300 g Lauch, eher dünne Stangen
8–12 kleine asiatische Frühlingszwiebelchen
2 EL Weisswein oder Wasser

1 Öl leicht erwärmen. Anis im Mörser verreiben, zum Öl geben. Limettenschale dazureiben, Saft auspressen, unter Rühren beigeben. Chili längs halbieren, entkernen, hacken, samt Plantaforce-Würfel dazugeben. Mit Kelpamare und Pfeffer abschmecken und gut mischen. Zugedeckt beiseite stellen. Muschelfleisch je nach Grösse eventuell quer halbieren, trocken tupfen.

2 Backofen auf 220 °C vorheizen. Rosmarin in eine Gratinform legen. Lauch in 8 ca. 10 cm lange Stücke schneiden. Längs halbieren. Mit der Schnittfläche nach oben nebeneinander in die Form legen. Frühlingszwiebeln in ebenso lange Stücke schneiden, weisse Teile dazulegen, 3/4 des Limettenöls darüber verteilen. Grüne Teile der Zwiebeln und Muscheln mit dem restlichen Limettenöl mischen, zugedeckt beiseite stellen.

3 Wein zum Lauch giessen. Einen Streifen nasses Backpapier direkt auf das Gemüse legen. In der Ofenmitte 15 Minuten garen, Papier entfernen. Grüne Teile der Frühlingszwiebeln und Muscheln darauf legen, weitere 4–5 Minuten fertig garen.

Pro Portion als Vorspeise ca. 7 g Eiweiss, 16 g Fett, 7 g Kohlenhydrate, 842 kJ/201 kcal
cholesterinfrei, glutenfrei, laktosefrei

TIPP Anstelle der Jakobsmuscheln kann das Gericht auch mit in Streifen geschnittenen Fischfilets zubereitet werden. Als Hauptgericht mit Trockenreis servieren.
Frische, nur ganz kurz gegarte Jakobsmuscheln haben ein feines, weisses, leicht nussig schmeckendes Fleisch, das auf der Zunge zergeht und doch im Gegensatz zu anderen Muschelarten einen gewissen Biss hat. Ausserdem ist es eiweissreich, leicht verdaulich, jodhaltig und sehr kalorienarm.

Hauptgerichte

KÖRNER UND REIS Vollwertgetreide ist in breiter Auswahl im Reformhaus erhältlich. Von Hirse, Gerste, Dinkel, Amaranth, Quinoa und vielen anderen Körnern bis zu Bulgur und Couscous, den geschmackvollen Orientalen aus Hartweizenschrot bzw. -griess, reicht die Palette. Die Zubereitung von Körnern ist einfacher, als Ungeübte denken. Als Faustregel gilt bei Getreide und Reis: ein Teil Körner + zwei Teile Flüssigkeit (immer Volumen, nicht Gewicht!) kalt aufsetzen, einmal aufkochen lassen und zugedeckt bei kleinster Hitze quellen lassen. Den Deckel öffnet man nie! Falls die kleinste Stufe auf dem Herd noch zu heiss ist, lässt man die Körner im Backofen bei 100 °C quellen. Buchweizen wird ähnlich wie Reis gekocht. Das Dörren bzw. Darren von Getreide intensiviert seinen Geschmack. Dabei wird ein Teil der Stärke in Zuckerarten umgewandelt (dextriniert), wodurch es leicht süsslich schmeckt und besser verdaulich ist. Zum Dörren feuchtet man Getreide leicht an und lässt es bei kleiner Hitze in einer beschichteten Bratpfanne eine halbe bis eine ganze Stunde langsam wieder trocknen.

Naturreis (Vollwertreis) ist weissem, das heisst poliertem Reis in punkto Vitamingehalt um ein Doppeltes bis Dreifaches überlegen. Das deshalb, weil in der harten Hülse und im Silberhäutchen, die das Korn umhüllen, Nahrungsfasern, Mineralstoffe und B-Vitamine enthalten sind. Beide werden beim Polieren jedoch entfernt.

BOUILLONS, FONDS UND WEIN Für die Zubereitung von saftigen Schmorbraten und feinen Saucen braucht man Flüssigkeit zum Ablöschen von Gebratenem und zum Fertiggaren von Gemüse, Fleisch und Fisch. Zum Ablöschen nimmt man gern Wein, der feine Aromastoffe aus den Zutaten und vom Topfboden löst. Der Alkohol im Wein selbst verflüchtigt sich zum grossen Teil beim Einkochen. Wer Alkohol dennoch ganz meiden will, kann bei Rezepten mit dem Vermerk «nach Belieben» darauf verzichten oder ihn ersetzen. Anstelle von Weisswein nimmt man z.B. alkoholfreien Apfelwein oder Verjus (siehe S. 112, 120), bei Portwein bieten sich Apfelsaft bzw. weisser oder roter Traubensaft als Flüssigkeitsersatz an. Rotwein ist eher schwierig zu ersetzen, da bei der Verwendung von rotem Traubensaft meist eine nicht gewünschte Süsse zurückbleibt. In allen Fällen kann man auch einfach den Bouillon-Anteil erhöhen.

Eine gute Gemüsebouillon, wie Plantaforce von A.Vogel, leistet als Basis für Suppen, Eintöpfe und Schmorgerichte wertvolle Dienste. Sie eignet sich auch für das Garen von Reis bzw. Risotto und Teigwaren sowie zur Zubereitung von Vinaigrettes und kalten wie warmen Saucen. Für die gehobene Küche, vor allem für Saucen von besonderer Tiefe und Raffinesse, z.B. für das Rezept «Geschmorte Pilze» auf S. 110, benötigt man einen intensiveren, dunklen Gemüsefond, den man praktischerweise auf Vorrat zubereitet und portionenweise einfriert.

Grundrezept Dunkler Gemüsefond: 200 g Karotten, 200 g Knollensellerie, 100 g Lauch und 100 g Zwiebeln würfeln, mit 1 EL Olivenöl mischen. Bei mittlerer Hitze unter Wenden ca. 20 Minuten braten, bis das Gemüse etwas Farbe angenommen hat.

1 EL Tomatenpüree kurz darin anrösten. 2 Lorbeerblätter, 2 Gewürznelken, 1 TL Pfefferkörner beigeben. Mit 200 ml Rotwein ablöschen, etwas einkochen lassen. Mit 1,5 Liter Wasser auffüllen, zugedeckt etwa 2 Stunden sanft köcheln lassen. Abseihen, Flüssigkeit abmessen. Pro Liter 1 TL Herbamare® Original beifügen. Ergibt ca. 1 Liter Fond.

PIKANTE WÄHEN UND QUICHES Und noch ein Teig, der für pikante Kuchen eine geeignete Grundlage bildet: Er ist leicht zu machen, man braucht weder Butter, Eier noch Milch dafür, stattdessen kommen Käse und Wein als Komponenten ins Spiel. Der Käse verleiht – je nachdem, wie rezent er ist – dem Teig eine mehr oder weniger ausgeprägte Rasse und damit der Wähe oder Quiche das gewisse Etwas. Statt Kürbis und Kastanien (Maroni), wie im Rezept auf S. 126, passen je nach Saison auch andere Zutaten als Belag. Zum Beispiel Rote Bete (Randen) und Pekannüsse oder Lauch und Süsskartoffeln. Feine Trios bilden auch Radicchio, Birnen und Gorgonzola oder Mangold (Krautstiel), Äpfel und Maroni.

Grundrezept Käse-Olivenöl-Teig: Für eine Kuchenform von 28 cm ⌀, für eine kleine Form von 20 cm ⌀ berechnet man die halbe Menge der Zutaten. 50 ml Weisswein mit 1/4 TL Herbamare® Original und 80 ml Olivenöl im Schüttelbecher gut mischen; anstelle von Wein ist auch Wasser möglich. Zu 175 g Vollkornmehl und 50 g fein geriebenem Greyerzer geben, alles zu einem weichen Teig zusammenfügen. Eventuell noch etwas Mehl beigeben. In Klarsichtfolie verpackt eine Stunde kühl stellen.

SALZ, KRÄUTERSALZ UND KELP Salz ist ein Geschmacksverstärker, der die Geschmacksnerven in gewisser Hinsicht «süchtig» machen kann, indem es deren Salzverlangen immer mehr steigert. Deshalb ist es sinnvoll, den Salzkonsum immer wieder einmal kritisch unter die Lupe zu nehmen und zurückzuschrauben. Zum Beispiel, indem man vermehrt auf frische Kräuter oder pikante Gewürze setzt, um die Salzmenge herunterzufahren.

Geschmacklich wie inhaltlich ist naturreines, unraffiniertes und nicht gebleichtes Meersalz industriell hergestelltem Kochsalz überlegen, da es mit mehr Mineralien und Spurenelementen ausgestattet ist (Kalzium, Magnesium, Kalium u.a.). Herbamare von A.Vogel besteht aus solch naturreinem Meersalz und ist aufgrund seines Anteils an erntefrischen Kräutern und Gemüsen ein geeignetes Mittel, um den Salzkonsum zu reduzieren. Es ist besonders schmackhaft und enthält zudem die Meeresalge Kelp für die natürliche Jodversorgung. Kelp ist ein jod- und kalziumreicher Seetang, der zu den Braun- bzw. Grossalgen zählt und in Unterwasserwäldern wächst, vorausgesetzt, das Wasser ist klar, kalt, flach und nährstoffreich. Kelp ist auch als reine Flüssigwürze (Kelpamare von A.Vogel) erhältlich und ähnelt im Aussehen dunkler Sojasauce, im Geschmack übertrifft es diese an Rasse und Klasse. Herbamare wiederum gibt es auch als natriumarmes Diätsalz, das anstelle von Meersalz auf Kalium- und Magnesiumchlorid basiert. Ausserdem ist Herbamare in mehreren Varianten von mild bis pikant im Handel.

Zubereitungszeit ca. 60 Minuten
+ 30 Minuten quellen lassen
+ 30 Minuten garen

Gefüllte Tomaten mit Buchweizen

ZUTATEN

für 4 Portionen

1 gelbe Peperoni (Gemüsepaprika)
1 grosser Zweig Rosmarin
1 Schalotte, gehackt
1 Knoblauchzehe, gepresst
1 Lorbeerblatt
1/2 Döschen Safranfäden (125 mg)
1 EL Olivenöl
50 ml weisser Portwein oder Apfelsaft
500 ml Wasser, kalt
1 Würfel Plantaforce® Gemüsebrühe
200 g Buchweizen, ganze Samen, geröstet
8 grosse Fleischtomaten à ca. 300 g
Meersalz
Herbamare® Spicy
Pfeffer aus der Mühle
200 g Büffelmozzarella
2–3 Zweige Basilikum

1 Backofen auf 100 °C vorheizen. Peperoni in kleine Würfel schneiden, Rosmarinnadeln hacken. Mit Schalotte, Knoblauch, Lorbeer und Safran im Öl bei mittlerer Hitze in einem Kochtopf mit gut schliessendem Deckel gut andünsten. Mit Portwein ablöschen und fast völlig einkochen. Wasser, Plantaforce-Würfel und Buchweizen beigeben, langsam erhitzen. Einmal aufkochen. Zugedeckt im Ofen 30 Minuten quellen lassen. Lorbeer entfernen.

2 Unterdessen von den Tomaten einen Deckel wegschneiden. Tomaten mit Hilfe eines Teelöffels aushöhlen, innen salzen und kopfüber zum Abtropfen beiseite stellen. Ausgehöhltes Tomatenfleisch hacken, die Hälfte davon ohne Saft beiseite stellen. Rest mit Herbamare und Pfeffer würzen, auf dem Boden einer Gratinform mit Deckel verteilen.

3 Ofentemperatur auf 200 °C erhöhen. Vom Mozzarella rundum 8 kleine Scheiben wegschneiden, beiseite stellen. Den Rest klein würfeln. Samt beiseite gestellten, gehackten Tomaten unter die Buchweizenmasse mischen, pikant abschmecken. Masse in die abgetropften Tomaten füllen. Je eine Scheibe Mozzarella, Basilikumblätter und Tomatendeckel darauf legen. In die Gratinform setzen. Zugedeckt im Ofen 15 Minuten garen. Deckel der Form entfernen, weitere 15 Minuten garen.

Vor dem Servieren ca. 10 Minuten zugedeckt stehen lassen.

Pro Portion ca. 15 g Eiweiss, 12 g Fett, 42 g Kohlenhydrate, 1380 kJ/330 kcal
kalorienarm, glutenfrei

TIPP Der Alkohol verflüchtigt sich fast völlig beim Kochen. Zum Füllen eignen sich die grossen, festen Fleischtomaten, die lediglich im Sommer im Angebot sind, besonders gut. Sie können vorbereitet im Kühlschrank über Nacht aufbewahrt werden, die Garzeit verlängert sich dann auf insgesamt 35 Minuten.

Auberginen-Gratin mit Bulgur

Zubereitungszeit ca. 45 Minuten
+ 20 Minuten backen

ZUTATEN
für 4 Portionen

1 Würfel Plantaforce® Gemüsebrühe
400 ml Wasser
250 g Bulgur (Weizenschrot)
400 g Büffelmozzarella
500 g Tomaten
1/2 Bund Pfefferminze
1 Knoblauchzehe, gepresst
2 EL Olivenöl mit Zitrone (siehe Seite 20)
Pfeffer aus der Mühle
100 g Parmesan, gerieben
1 kg Auberginen
1 TL Meersalz
50 ml Apfelessig
3 EL Olivenöl

1 Plantaforce-Würfel mit dem Wasser aufkochen. Über das Weizenschrot giessen, mischen. Mit Klarsichtfolie bedeckt aufquellen und auskühlen lassen.

2 200 g Mozzarella in dünne Scheiben schneiden, beiseite legen. Rest klein würfeln. Tomaten in 0,5 cm dicke Scheiben schneiden.

3 Minze hacken, mit Knoblauch, Öl, Pfeffer und Mozzarellawürfeln unter das Weizenschrot mischen. Vom Parmesan 4 EL beiseite stellen. Rest ebenfalls darunter mischen.

4 Auberginen längs in 1 cm dicke Scheiben schneiden. 1 Liter Wasser mit Salz und Essig aufkochen. Auberginen darin portionenweise 3 Minuten blanchieren. Abtropfen lassen.

5 Backofen auf 180 °C vorheizen. Auberginen trocken tupfen, mit Öl bepinseln. Abwechselnd mit Weizenschrot, Tomaten- und Mozzarellascheiben in eine Gratinform schichten. Alles mit restlichem Parmesan bestreuen. In der Mitte des Ofens ca. 20 Minuten backen.

Pro Portion ca. 40 g Eiweiss, 34 g Fett, 64 g Kohlenhydrate, 3005 kJ/718 kcal

TIPP Variante mit Fleisch: 4 Geflügelbrüstchen rundum kurz anbraten. Brüstchen in Tranchen schneiden. Fleisch mit der Hälfte der oben aufgeführten Zutaten in die Form schichten. Die Garzeit bleibt gleich.

Lauch-Haselnuss-Medaillons

Zubereitungszeit ca. 45 Minuten
+ 30 Minuten ruhen lassen

ZUTATEN
für 4 Portionen

150 g Lauch, grüne und weisse Teile
1 EL Olivenöl mit Zitrone (siehe Seite 20)
1 Ei
100 ml Milch
100 g Hirseflocken
50 g Haselnüsse, gemahlen
50 g Roquefort oder ein anderer Blauschimmelkäse, gewürfelt
1 TL Kelpamare® Pflanzenwürze oder Sojasauce
Herbamare® Original
Pfeffer aus der Mühle

Olivenöl zum Braten

KAROTTENJOGHURT:
180 g Joghurt nature (siehe Tipp)
2 TL Biocarottin Instant
1 Prise Safranfäden
1/2 TL Herbamare® Original

1 Lauch in streichholzfeine Streifen schneiden, diese fein würfeln. Mit dem Öl mischen. In einer Bratpfanne 4–5 Minuten andünsten, auskühlen lassen. Mit den restlichen Zutaten gut mischen, abschmecken. 30 Minuten zugedeckt ruhen lassen.

2 Alle Zutaten für den Karottenjoghurt mischen und etwas ziehen lassen.

3 Aus der Lauch-Haselnuss-Masse 12–16 Medaillons formen und in Öl beidseitig braten.

Medaillons mit dem Karottenjoghurt servieren.

Pro Portion ca. 13 g Eiweiss, 21 g Fett, 25 g Kohlenhydrate, 1414 kJ/338 kcal
kalorienarm, glutenfrei

TIPP Dazu passt ein frischer Blattsalat.
Statt Biocarottin kann man Karotten oder Randen (Rote Bete) weich dämpfen, mit Kräutersalz pürieren und unter den Joghurt mischen. Joghurt kann man mit A.Vogel Vital-Ferment «Creme-Joghurt» selbst herstellen.

Zubereitungszeit ca. 35 Minuten
+ 20 Minuten garen
+ 15 Minuten gratinieren

Chicorée-Gratin

ZUTATEN
für 4 Portionen

1/2 Knoblauchzehe, gepresst
1 TL Olivenöl
4 weisse Chicorée
Herbamare® Original
100 ml weisser Portwein oder Apfelsaft
100 ml Plantaforce® Gemüsebrühe
100 ml Rahm (Sahne)
50 g Gorgonzola, gewürfelt
1 EL Parmesan, frisch gerieben
1 TL Senf, mittelscharf
Pfeffer aus der Mühle
1–2 Tomaten
1/2 Freilandgurke, ca. 150 g

1 Knoblauch in einer grossen Bratpfanne im Öl andünsten. Chicorée längs halbieren und mit der Schnittfläche nach oben in die Pfanne legen. Würzen, mit dem Portwein beträufeln und zugedeckt bei kleiner Hitze ca. 20 Minuten knapp weich dünsten. Dabei ab und zu mit der Flüssigkeit begiessen.

2 Eine Gratinform mit wenig Öl einpinseln. Chicorée gut abgetropft mit der Schnittfläche nach oben darin verteilen. Beiseite stellen.

3 Gemüsebrühe zur restlichen Flüssigkeit in der Pfanne giessen. Erhitzen und fast völlig einkochen lassen. Rahm, Gorgonzola, Parmesan und Senf beigeben, würzen und sämig einkochen lassen.

4 Backofen auf 250 °C vorheizen. Tomaten kreuzweise einschneiden, in kochendes Wasser tauchen, bis sich die Haut zu lösen beginnt, kalt abschrecken, schälen, entkernen und würfeln. Gurke schälen, in 3 mm dicke Scheiben schneiden, halbieren und dekorativ zwischen die Chicoréeblätter stecken. Die Gorgonzola-Sauce darüber geben. Mit den Tomatenwürfeln bestreuen. Im oberen Bereich des Ofens 10–15 Minuten gratinieren.

Pro Portion ca. 6 g Eiweiss, 14 g Fett,
7 g Kohlenhydrate, 799 kJ/191 kcal
kalorienarm, glutenfrei

TIPP Der Alkohol verflüchtigt sich fast völlig beim Kochen. Der Gratin kann vorbereitet und zugedeckt einige Stunden im Kühlschrank aufbewahrt werden. Die Zeit im Ofen verlängert sich dadurch auf 20–25 Minuten. Das Gericht eignet sich auch als Gemüsebeilage für 8 Personen. Chicorée, Radicchio und Cicorino verde sind wie Artischocke leberfreundliche Bittergemüse. Man isst sie kalt und roh, vom Grill, aus der Pfanne und gratiniert.

Kartoffelküchlein mit Papaya-Chutney

Zubereitungszeit ca. 45 Minuten
+ 20 Minuten kochen
+ 30 Minuten ruhen lassen

ZUTATEN

für 4 Portionen

KÜCHLEIN:

250 g Kartoffeln, mehlig kochend
25 g Buchweizenmehl
2 kleine Eier
25 g Crème fraîche (Sauerrahm)
1/2 TL Herbamare® Original

Olivenöl zum Braten

CHUTNEY:

1 kleine Papaya, ca. 250 g
2–3 Büschelchen Koriander, samt Wurzeln
1 Schalotte, gehackt
1/2 Limette, Saft
1 EL thailändische Fischsauce
1 TL Roh-Rohrzucker

400 g Räucherlachs, in dünnen Scheiben

1 Kartoffeln schälen, würfeln und im Dampf ca. 20 Minuten sehr weich kochen. Heiss passieren, etwas abkühlen lassen. Mehl dazugeben, restliche Zutaten verquirlen, alles gut mischen. Zugedeckt 30 Minuten ruhen lassen.

2 Für das Chutney Papaya entkernen, schälen, grob würfeln und in eine Schüssel geben. Koriander sehr gut waschen, samt Würzelchen und Stielen hacken. Mit den restlichen Zutaten dazugeben, alles mit einer Gabel gut mischen und dabei die Papaya zerdrücken. Die anfänglich dünne Sauce wird nach ca. 30 Minuten leicht dicklich.

3 In einer beschichteten Bratpfanne 2–3 EL Öl erhitzen. Vom Kartoffelteig portionenweise kleine Häufchen in die Pfanne setzen, mit dem Löffelrücken flach drücken. Beidseitig bei mittlerer Hitze braten, bis sich eine Kruste bildet. Auf Küchenpapier legen und warm stellen.

Küchlein mit Chutney und Lachs anrichten.

Pro Portion ca. 34 g Eiweiss, 31 g Fett, 18 g Kohlenhydrate, 2031 kJ/485 kcal
kalorienarm, glutenfrei

TIPP Anstelle des Chutneys passen auch Saucen aus Hülsenfrüchten zu den Küchlein, siehe Seiten 42, 50, 102, 114 und 116.
Frischer Koriander ist ein hoch aromatisches, unvergleichliches Würzkraut aus der Thaiküche. Es lohnt sich, in einem gut sortierten Supermarkt, Delikatessladen oder Asiashop danach zu suchen. Es passt hervorragend zu erfrischenden, pikanten Salaten, Rindfleisch und Geflügel, Gemüse, Curries und Asianudeln.

Gemüsegratin mit Ziegenkäse

Zubereitungszeit ca. 45 Minuten
+ 15 Minuten gratinieren

ZUTATEN

für 4 Portionen

1 kg Gemüse: Karotten, Zucchini, Brokkoli
1 Zweig Rosmarin
1 EL Olivenöl mit Zitrone (siehe Seite 20)
1/2 TL Trocomare®
200 g Tomaten
300 g Ziegenfrischkäse, z.B. «Bûche» mit Weissschimmelrinde
2 EL Honig, flüssig
1 EL Olivenöl

1 Karotten und Zucchini in 0,5 cm dicke Scheiben schneiden. Brokkoli in Röschen teilen, Strunk ebenfalls in Scheiben schneiden. Gemüse separat im Dampf knackig garen. In Eiswasser abschrecken, abtropfen lassen.

2 Rosmarinnadeln hacken, mit Öl und Trocomare verrühren, Gemüse beigeben, gut mischen. Tomaten und Käse in möglichst dünne Scheiben schneiden. Alles ziegelartig in eine grosse Gratinform schichten. Honig und Öl darüber träufeln.

3 Backofen auf 200 °C vorheizen. Gratin im oberen Bereich des Ofens ca. 15 Minuten backen, bis der Käse geschmolzen ist.

Pro Portion ca. 12 g Eiweiss, 15 g Fett, 15 g Kohlenhydrate, 987 kJ/236 kcal
kalorienarm, glutenfrei

TIPP Der Gratin gelingt mit jedem Saisongemüse sowie mit zusätzlichen, gekochten Kartoffelscheiben. Lauwarmer Ziegenkäse oder kleine, reife Weichkäse aus Kuhmilch, z.B. ein Tomme, Camembert oder Weinkäse, ergeben mit Honig, Nussöl, Nüssen und Thymian ein einfaches, aber raffiniertes provenzalisches Dessert.

Portweinzwiebeln:
Zubereitungszeit ca. 40 Minuten
+ über Nacht marinieren
+ 60 Minuten schmoren
Süsskartoffelpüree:
Zubereitungszeit ca. 15 Minuten
+ 15 Minuten garen

Portweinzwiebeln mit Süsskartoffelpüree

ZUTATEN

für 2 Portionen als Hauptgericht, 4 Portionen als Beilage

ZWIEBELN:

500 g rote Zwiebeln, mittlere Grosse
150 ml roter Portwein (siehe Tipp)
1/4 TL Zimtpulver
1 unbehandelte Orange
1/2 Würfel Plantaforce® Gemüsebrühe
1 EL Olivenöl
2 Gewürznelken
1 Lorbeerblatt
1 kleiner Zweig Rosmarin
Herbamare® Spicy
Pfeffer aus der Mühle

SÜSSKARTOFFELPÜREE:

800 g Süsskartoffeln
30 g Butter
1 TL Herbamare® Spicy
1 TL Kelpamare® Pflanzenwürze oder Sojasauce
Pfeffer aus der Mühle

1 Am Vortag: Zwiebeln vorsichtig schälen, so dass sie bei der Wurzel noch fest zusammenhängen. Vierteln und in einen Gefrierbeutel legen. Portwein und Zimt mischen, dazugiessen. Beutel möglichst ohne Luft verschliessen, Zwiebeln über Nacht im Kühlschrank marinieren lassen.

2 Am Zubereitungstag: Zwiebeln abtropfen lassen, Portwein auffangen. Orangenschale in dünnen Streifen abziehen. Saft auspressen, mit dem Portwein mischen. Leicht erwärmen, Plantaforce-Würfel darin auflösen. Zwiebeln in einer weiten Bratpfanne im mässig heissen Öl auf beiden Schnittflächen je 5 Minuten andünsten. Orangenschale, Nelken, Lorbeer und Rosmarin kurz mitdünsten. Mit der Flüssigkeit ablöschen. Nicht ganz zugedeckt 1 Stunde sanft schmoren lassen. Zwiebeln ab und zu wenden, jedoch immer nur auf die Schnittflächen legen, damit sie nicht auseinander fallen.

3 Gewürze und Orangenschale entfernen. Evtl. etwas einkochen, pikant abschmecken. Zugedeckt warm stellen.

4 Unterdessen für das Püree Süsskartoffeln schälen, würfeln und im Dampf ca. 15 Minuten gut weich garen. Passieren, Butter in Flocken darunter schwingen, pikant abschmecken.

Süsskartoffelpüree mit Zwiebeln und Sauce anrichten.

Pro Portion als Hauptgericht ca. 11 g Eiweiss, 18 g Fett, 36 g Kohlenhydrate, 1454 kJ/347 kcal
kalorienarm, glutenfrei

TIPP Der Alkohol verflüchtigt sich fast völlig beim Kochen. Anstelle von Portwein kann auch roter Traubensaft verwendet werden. Die Sauce wird dadurch eher süsslich, wobei auch schon die leicht mehligen zucker- und stärkehaltigen Süsskartoffeln, wie der Name verrät, süsslich schmecken. Als Beilage mit gebratenem Lammnierstück servieren.

Kartoffelkuchen mit Gemüse

Zubereitungszeit ca. 45 Minuten
+ 50 Minuten backen

ZUTATEN

für 2 Portionen als Hauptgericht, 4 Portionen als Beilage

750 g Kartoffeln, mehlig kochend
Meersalz
50 ml Haselnussöl
Herbamare® Original
Pfeffer aus der Mühle
1 Zweig Rosmarin
200 g Karotten
100 g Lauch
100 g Haselnüsse
2 EL frischer Meerrettich, gerieben
100 g Sbrinz oder Parmesan, gerieben

1 Kartoffeln schälen, in 3 mm dicke Scheiben hobeln. Portionenweise in reichlich kochendem Salzwasser 2 Minuten blanchieren. Herausheben, kalt abschrecken, gut abtropfen lassen. In einer Schüssel mit dem Öl gut mischen, würzen. In einem mit Backpapier belegten Kuchenblech von ca. 26 cm Durchmesser die Hälfte der Kartoffeln von der Mitte aus rosettenförmig in mehreren Schichten auslegen.

2 Rosmarinnadeln fein hacken. Karotten und Lauch in streichholzfeine Streifen schneiden. Haselnüsse grob hacken. Alles mit Meerrettich und Sbrinz mischen, würzen. Auf der Kartoffelschicht verteilen. Mit den restlichen Kartoffelscheiben von aussen nach innen bedecken.

3 Backofen auf 180 °C vorheizen. Kuchen im unteren Bereich des Ofens ca. 50 Minuten backen, bis die Ränder der Kartoffelscheiben braun werden. In der Schüssel verbliebenes Öl nach und nach darüber träufeln.

Pro Portion als Hauptgericht ca. 31 g Eiweiss, 74 g Fett, 78 g Kohlenhydrate, 4605 kJ/1101 kcal
glutenfrei

TIPP Als Hauptgericht mit Salat servieren. Mit Meerrettich dürfen Sie ruhig öfter würzen – der Gesundheit zuliebe. Es ist eines der gesündesten Gewürze überhaupt, das die Bauchspeicheldrüsenfunktion unterstützt, die Abwehrkräfte stärkt, antibiotisch wirkt, vitalisiert und viel Vitamin C enthält. Wo er noch passt? Zu Quark, Salatsaucen, gekochtem Rindfleisch, Fisch, Kohl, rohem Gemüse, vor allem jeder Art von Wurzelgemüse.

Zubereitungszeit ca. 45 Minuten
+ 20 Minuten marinieren

Orangenlauch mit Tofu

ZUTATEN
für 4 Portionen

500 g Tofu
2 EL Sojasauce
2 unbehandelte Orangen
1 rote Chilischote nach Belieben
1 TL Currypulver, scharf
1 TL Trocomare®
1 TL Maisstärke
50 g Sultaninen
500 g Lauch
2 EL Erdnussöl
1 TL Honig, flüssig

1 Tofu in 1,5 cm dicke Scheiben und diese in Dreiecke schneiden. Mit Sojasauce beträufeln, 20 Minuten marinieren lassen.

2 Schale einer halben Orange dünn abziehen, in feine Streifen schneiden, beiseite legen. Saft beider Orangen auspressen. Chili längs halbieren, entkernen, hacken. Mit Curry, Trocomare, Maisstärke und Sultaninen zum Orangensaft geben, 15 Minuten ziehen lassen. Lauch in 0,5 cm breite Ringe schneiden.

3 Tofu abtropfen, in 1 EL Öl in einer beschichteten Bratpfanne beidseitig braten. Vorsichtig herausnehmen, beiseite stellen.

4 Lauch im restlichen Öl in einem Wok oder einer Bratpfanne gut andünsten. Orangenschale beigeben, Honig darüber träufeln. Mit der Orangensaft-Mischung ablöschen. Flüssigkeit bei guter Hitze einkochen lassen, so dass der Lauch noch knackig bleibt. Tofu darauf legen und kurz ziehen lassen.

Dazu passt Parfümreis.

Pro Portion ohne Reis ca. 16 g Eiweiss, 11 g Fett, 19 g Kohlenhydrate, 999 kJ/239 kcal
kalorienarm, cholesterinfrei, glutenfrei, laktosefrei

TIPP Ohne Tofu ist Orangenlauch eine pikante Beilage zu Fisch, Wild oder kurz gebratenem Geflügel, z.B. zu Geflügelbrust.
Tofu ist ein hervorragender Eiweisslieferant, der alle lebenswichtigen Aminosäuren enthält. Dazu ist er basisch und liefert viel Kalzium.

Zubereitungszeit ca. 45 Minuten
+ 70 Minuten kochen
+ 10 Minuten ziehen lassen

Spargel-Risotto

ZUTATEN

für 2 Portionen als Hauptgericht,
4 Portionen als Beilage

500 g grüne Spargeln
1 Würfel Plantaforce® Gemüsebrühe
1 Liter Wasser
200 g nicht polierter Reis, z.B. A.Vogel Naturreis
1 Frühlingszwiebel
1 Knoblauchzehe, gepresst
1 Gewürznelke
1 Lorbeerblatt
1 EL Olivenöl
50 ml Weisswein nach Belieben
50 g Parmesan, frisch gerieben
2 EL Butter
Herbamare® Original
Pfeffer aus der Mühle

1 Spargeln im unteren Drittel schälen. Spitzen 10 cm lang wegschneiden, den Rest in kleine Stücke schneiden. Plantaforce-Würfel im Wasser aufkochen. Spargelspitzen darin ca. 3 Minuten knapp bissfest garen. Herausheben, kalt abschrecken, beiseite stellen. Spargelstücke in der Gemüsebrühe halb zugedeckt 15–20 Minuten gut weich kochen. Samt der Flüssigkeit fein pürieren, durch ein Sieb streichen. Aufkochen und zugedeckt warm halten.

2 Reis waschen, gut abtropfen lassen. Zwiebel samt Grün hacken, mit Knoblauch, Nelke und Lorbeer im Öl kurz andünsten. Reis beigeben, gut mitdünsten. Mit Wein ablöschen, einkochen lassen. Nach und nach das heisse Spargelpüree dazugiessen, jeweils sobald der Reis die Flüssigkeit wieder aufgenommen hat. Bei mittlerer Hitze und unter fleissigem Rühren während 40–50 Minuten zu einem sämigen Risotto kochen.

3 Parmesan und Butter darunter mischen, abschmecken. Abgetropfte Spargelspitzen darauf legen, 10 Minuten zugedeckt ziehen lassen.

Pro Portion als Hauptgericht ca. 21 g Eiweiss, 24 g Fett, 82 g Kohlenhydrate, 2656 kJ/638 kcal

TIPP Der Alkohol verflüchtigt sich fast völlig beim Kochen. Naturbelassener, nicht polierter Reis wie A.Vogel Naturreis enthält ein Vielfaches an Vitaminen, Nahrungsfasern und Mineralien im Vergleich zu weissem Reis. Spargel regt den Stoffwechsel und insbesondere die Ausscheidung an, ist sehr kalorienarm, aber reich an Eiweiss und anderen Vitalstoffen, wobei der grüne den weissen noch übertrifft.

Orientalischer Dufterbsen-Pilaf

Zubereitungszeit ca. 30 Minuten
+ 20 Minuten kochen
+ 20 Minuten quellen lassen

ZUTATEN
für 4 Portionen

1 Prise Safranfäden
1 EL Rosenwasser
150 ml Kokosmilch
1/2 EL Zimtpulver
1/4 TL Nelkenpulver
1/4 TL Pfeffer aus der Mühle
50 g Sultaninen
600 ml Plantaforce® Gemüsebrühe, heiss
350 g nicht polierter thailändischer Duftreis
1/2–1 rote Chilischote
1 Schalotte, gehackt
1 EL frischer Ingwer, gerieben
1/2 TL Kreuzkümmelpulver
2 EL Ghee oder Bratbutter
350 g grüne Erbsen, frisch oder tiefgekühlt
1–2 Tomaten

1 Safran mit Rosenwasser mischen, ziehen lassen. Kokosmilch mit Zimt-, Nelkenpulver und Pfeffer mischen. Sultaninen in der Gemüsebrühe einweichen. Reis waschen, abtropfen lassen.

2 Chili längs halbieren, entkernen, hacken. Mit Schalotte, Ingwer und Kreuzkümmel in der heissen Butter andünsten. Tiefgekühlte Erbsen mit kochendem Wasser überbrausen, abtropfen lassen, dazugeben. Frische Erbsen direkt beigeben, Reis beifügen, mitdünsten. Mit der Gemüsebrühe samt Sultaninen ablöschen, aufkochen und offen köcheln lassen, bis die Flüssigkeit verdampft ist.

3 Gewürzte Kokosmilch und Safran-Rosenwasser mischen, dazugeben und zugedeckt bei niedrigster Hitze 20 Minuten quellen lassen. Ab und zu umrühren.

4 Tomaten kreuzweise einschneiden, in kochendes Wasser tauchen, bis sich die Haut zu lösen beginnt, kalt abschrecken, schälen und würfeln. Unter den Pilaf mischen.

Pro Portion ca. 11 g Eiweiss, 10 g Fett, 93 g Kohlenhydrate, 2133 kJ/510 kcal
cholesterinfrei, glutenfrei

TIPP Kostbares, duftendes Rosenwasser ist in Drogerien erhältlich.
In orientalischen Küchen ist es eine gebräuchliche Zutat für süsse wie pikante Gerichte und längst nicht auf die Herstellung von Marzipan beschränkt. Ghee ist eingesottene Butter (Butterschmalz) und wird in (fern)östlichen Ländern häufig verwendet.
Variante mit Fleisch: In der Butter 4 Pouletschenkel goldbraun braten, dann Schalotte und Gewürze beigeben und fortfahren.

Zubereitungszeit ca. 60 Minuten
+ 40 Minuten quellen lassen
+ 30 Minuten backen

Exotischer Reis im Bananenblatt

ZUTATEN
für 4 Portionen

400 g nicht polierter Reis, z.B. A.Vogel Naturreis
2 Stängel Zitronengras
1 Limette
1 EL rote thailändische Currypaste
4 Kardamomkapseln, aufgebrochen
8 Gewürznelken
1 EL Erdnussöl
700 ml Wasser, kalt
2 EL Sojasauce
50 g Erdnüsse
250 g Tomaten
1 EL frischer Ingwer, gerieben
30 g Kokosraspel
180 g Joghurt nature
8 kleine asiatische Frühlingszwiebelchen
1 Papaya, ca. 300 g
8 Bananenblätter-Stücke, ca. 30 x 30 cm gross

1 Reis waschen, gut abtropfen lassen. Zitronengras in möglichst feine Ringe schneiden, Limettenschale dünn abziehen, in feine Streifen schneiden. Beides samt Currypaste, Kardamom und Nelken im Öl andünsten, bis die Gewürze zu duften beginnen. Wasser, Sojasauce und Reis beigeben, langsam erhitzen. Einmal aufkochen. Zugedeckt bei kleinster Hitze ca. 40 Minuten quellen lassen, bis alle Flüssigkeit aufgenommen worden ist.

2 Erdnüsse grob hacken, Limette auspressen, Tomaten würfeln. Alles samt Ingwer und Kokosraspel mit dem Joghurt mischen. Unter den Reis heben. Frühlingszwiebeln in 5 cm lange Stücke schneiden, weisse Teile längs halbieren. Papaya vierteln, entkernen, schälen. Längs in 0,5 cm dicke Scheiben schneiden, so dass diese beim Stielansatz der Frucht aber noch zusammenhalten. Mit der Hand sanft auf die Viertel drücken, damit die Scheiben fächerartig auseinander gleiten.

3 Bananenblätter waschen. Über einer Flamme (Gasherd oder Fondue-Rechaud) kurz abflämmen (macht die Blätter weich und geschmeidig). Den Reis in der Mitte von je 2 aufeinander gelegten Blättern verteilen. Frühlingszwiebeln darauf geben. Die Papayaviertel darauf legen. Je 1/3 der Blattränder erst oben und unten, dann seitlich über die Füllung falten und mit Zahnstochern fixieren.

4 Backofen auf 180 °C vorheizen. Pakete in der Ofenmitte 30 Minuten garen. Ungeöffnet auf grossen Tellern servieren.

Pro Portion ca. 14 g Eiweiss, 16 g Fett, 86 g Kohlenhydrate, 2316 kJ/553 kcal
cholesterinarm, glutenfrei

TIPP Anstelle von Bananenblättern kann man auf Backpapier als «Verpackungsmaterial» zurückgreifen. Die Pakete können vorbereitet über Nacht im Kühlschrank aufbewahrt werden, die Garzeit verlängert sich dann auf insgesamt 35 Minuten.

Bulgur mit getrockneten Tomaten

Zubereitungszeit ca. 20 Minuten
+ 15 Minuten quellen lassen

ZUTATEN

für 4 Portionen

50 g getrocknete Tomaten, in Öl eingelegt
einige Zweige Majoran und glatte Petersilie
250 g Bulgur (Weizenschrot)
400 ml Plantaforce® Gemüsebrühe
100 g Frischkäse mit Pfeffer
4 EL Tapenade (Olivenpaste, Rezept siehe Seite 49)

1. 4 Teller im Backofen bei 80 °C erwärmen. Abgetropfte Tomaten in kleine Würfel schneiden. Kräuter hacken. Alles mit Bulgur mischen. Gemüsebrühe aufkochen, darüber giessen. Zugedeckt im Ofen ca. 15 Minuten quellen lassen, bis alle Flüssigkeit aufgesogen ist.

2. Frischkäse darunter mischen, im Ofen warm werden lassen.

3. Portionenweise in Schälchen von ca. 250 ml Inhalt füllen, leicht anpressen und auf die vorgewärmten Teller stürzen.

Mit Tapenade servieren.

Pro Portion ca. 13 g Eiweiss, 22 g Fett, 53 g Kohlenhydrate, 1944 kJ/465 kcal
kalorienarm

TIPP Bulgur, auch Burgul = vorgekochtes Hartweizenschrot. Das Rezept kann auch mit Couscous-Griess zubereitet werden. Beides sind leicht verdauliche, magenfreundliche Grundnahrungsmittel der arabischen Küche.

Bohnen-Sugo:
Zubereitungszeit ca. 15 Minuten
+ über Nacht einweichen
+ 60 Minuten kochen
Hirsenocken:
Zubereitungszeit ca. 25 Minuten
+ 60 Minuten quellen lassen

Hirsenocken mit rotem Bohnen-Sugo

ZUTATEN

für 4 Portionen

BOHNEN-SUGO:

80 g getrocknete rote Kidney-Bohnen
1 Lorbeerblatt
1 Zweig Rosmarin
1/2 Bund glatte Petersilie
1/2 Würfel Plantaforce® Gemüsebrühe
1 EL Tomatenpüree
1 EL Aceto balsamico rosso
1 EL Olivenöl

HIRSENOCKEN:

je 3–4 Zweige Basilikum und glatte Petersilie
1/2 Bund Schnittlauch
1/2 unbehandelte Zitrone
250 g Rahmquark (Sahnequark)
1 grosses Ei
1/2 TL Herbamare® Original
150 g Hirseflocken
Kelpamare® Pflanzenwürze oder Sojasauce
Meersalz

1 Am Vortag: Für den Sugo die Bohnen mit Lorbeer und Rosmarin in ca. 1/2 Liter kaltem Wasser über Nacht (12 Stunden) einweichen.

2 Am Zubereitungstag: Bohnen zugedeckt im Einweichwasser samt Lorbeer und Rosmarin ca. 60 Minuten weich kochen. Kräuter entfernen, Bohnen in einem Sieb abtropfen lassen, Kochflüssigkeit auffangen. Petersilie samt Stielen grob hacken. Mit Bohnen, zerdrücktem Plantaforce-Würfel, Tomatenpüree, Balsamico und 150 ml der Kochflüssigkeit in einem Cutter oder im Mixglas der Küchenmaschine fein pürieren. Je nach gewünschter Konsistenz noch etwas Kochflüssigkeit beigeben. Am Schluss das Öl bei laufendem Gerät tropfenweise darunter arbeiten.

3 Für die Hirsenocken Kräuter samt Stielen hacken. Zitronenschale dazureiben. Alles mit den restlichen Zutaten mischen, abschmecken. Zugedeckt 60 Minuten quellen lassen.

4 Von der Hirsemasse mit einem Teelöffel Nocken abstechen. Portionenweise in leicht kochendem Salzwasser 4–5 Minuten ziehen lassen. Abtropfen.

5 Bohnen-Sugo leicht erwärmen und mit den Hirsenocken servieren.

Hirsenocken: pro Portion ca. 14 g Eiweiss, 16 g Fett, 29 g Kohlenhydrate, 1318 kJ/313 kcal
kalorienarm, glutenfrei
Bohnen-Sugo: pro Portion (100 g) ca. 5 g Eiweiss, 2 g Fett, 10 g Kohlenhydrate, 299 kJ/73 kcal
kalorienarm, cholesterinfrei, glutenfrei, laktosefrei

TIPP Die magenfreundlichen Nocken können ebenso aus feinen Haferflocken zubereitet werden. Sie eignen sich auch als Suppeneinlage.
Der Bohnen-Sugo kann als Sauce zu Teigwaren oder mit weniger Kochwasser als Dip verwendet werden.
Nach Alfred Vogel sollte die schmackhafte wie mineralstoffreiche, vollwertige Hirse häufig auf dem Speiseplan stehen.

Rollgerste mit Wacholderkarotten

Zubereitungszeit ca. 40 Minuten
+ 20 Minuten kochen
+ 20 Minuten quellen lassen

ZUTATEN
für 4 Portionen

750 g Karotten
1 Schalotte, gehackt
1 EL Olivenol
1 Liter Plantaforce® Gemüsebrühe
5 Wacholderbeeren, gequetscht
1/2 Bund glatte Petersilie
2 EL Gin nach Belieben
Herbamare® Original
Pfeffer aus der Mühle
300 g Rollgerste
1 Zweig Rosmarin
1 Lorbeerblatt
1/2 unbehandelte Zitrone

1 Karotten schräg in ca. 2 cm breite Stücke schneiden, dabei nach jedem Schnitt eine Vierteldrehung rollen, damit ungleichmässige Stücke entstehen. Mit Schalotte im Öl andünsten, bis diese etwas Farbe angenommen hat. Mit so viel Gemüsebrühe ablöschen, dass das Gemüse knapp bedeckt ist. Wacholder beigeben, halb zugedeckt 15–20 Minuten weich garen.

2 Karotten in einem Sieb abtropfen lassen, Flüssigkeit auffangen. Petersilie mit den Stielen grob hacken. Zwei Drittel der Karotten mit Petersilie, Wacholderbeeren, Gin und 100 ml Garflüssigkeit fein pürieren. Mit Herbamare und Pfeffer abschmecken und mit den Karottenstücken mischen. Zugedeckt beiseite stellen.

3 Unterdessen Rollgerste waschen, abtropfen lassen. Restliche Garflüssigkeit der Karotten mit restlicher Gemüsebrühe auf 650 ml ergänzen. Mit Rollgerste, Rosmarin und Lorbeer langsam erhitzen, Zitronenschale dazureiben. Einmal aufkochen. Zugedeckt bei kleinster Hitze (oder im Backofen bei 100 °C) ca. 20 Minuten quellen lassen. Rosmarin und Lorbeer entfernen.

4 Karotten in der Sauce aufkochen. Mit der Rollgerste anrichten.

Pro Portion ca. 9 g Eiweiss, 3 g Fett, 67 g Kohlenhydrate, 1420 kJ/339 kcal
kalorienarm, cholesterinfrei, laktosefrei

TIPP Ein anderer Begriff für Rollgerste ist Graupen; als feinste Qualität gelten die kleinen Perlgraupen. Allerdings handelt es sich bei Rollgerste um geschälte, polierte Getreidekörner, deren nährstoffreiche Randschichten entfernt sind. Für eine vollwertige Zubereitung kann man Vollwert-Gerstenkörner verwenden, die Zeit zum Quellenlassen verlängert sich um ca. 30 Minuten.

Zubereitungszeit ca. 45 Minuten
+ 30 Minuten ruhen lassen

Rote Nudeln mit Randen

ZUTATEN

für 2 Portionen als Hauptgericht, 4 Portionen als Vorspeise

4–5 Zweige Basilikum
350 g Randen (Rote Bete), gekocht
1/2 EL Olivenöl mit Zitrone (siehe Seite 20)
Trocomare®
Pfeffer aus der Mühle
1 grosses Ei, ca. 64 g
200 g feiner Dinkelgriess, ungefähr
Meersalz
1 Schalotte, gehackt
1 EL Olivenöl
1 EL Aceto balsamico rosso

1 Vom Basilikum 4 schöne Spitzen beiseite legen, Blätter in Streifen schneiden. Randen in 1/2 cm grosse Würfelchen schneiden. 150 g davon mit dem Basilikum und Zitronen-Olivenöl fein pürieren, mit Trocomare und Pfeffer abschmecken, beiseite stellen. Ei mit 30 g der Würfelchen ebenfalls pürieren. In eine Schüssel geben und abwägen. Ungefähr 200 g Dinkelgriess (die doppelte Menge wie das Ei-Randen-Gewicht) dazugeben, zu einem sehr festen Teig kneten. In Klarsichtfolie eingepackt im Kühlschrank 30 Minuten ruhen lassen.

2 Teig mit Hilfe einer Pastawalze ca. 1 mm dünn auswallen, etwas antrocknen lassen. Mit einem Messer oder dem Pizzaschneider in 1 cm breite Nudeln schneiden. In Salzwasser 5–6 Minuten al dente kochen.

3 Unterdessen Schalotte und restliche Randenwürfelchen im Öl andünsten. Mit Balsamico, Trocomare und Pfeffer würzen.

4 Nudeln abtropfen lassen, mit dem beiseite gestellten Randenpüree im Kochtopf mischen, auf heissen Tellern anrichten. Randenwürfelchen darüber verteilen. Mit den Basilikumspitzen garnieren.

Pro Portion als Hauptgericht ca. 14 g Eiweiss, 10 g Fett, 92 g Kohlenhydrate, 2097 kJ/500 kcal
kalorienarm, laktosefrei

TIPP Der in Randen enthaltene, stark färbende Pflanzenfarbstoff Betanin hat keine blutbildenden Eigenschaften, wie lange Zeit angenommen wurde. Er ist nur für schwer zu entfernende Flecken verantwortlich. Der zweite Farbstoff Anthocyan schützt hingegen vor freien Radikalen, bremst schädliche Oxidationsreaktionen in den Zellen und ist somit krebshemmend. Randen speichern Nitrat, das unter Umständen im Körper in schädliche Nitrosamine umgewandelt werden kann. Dies kann durch eine Zubereitung mit etwas Essig verhindert werden.

Gebackener Bärlauch-Raviolo

Zubereitungszeit ca. 40 Minuten
+ 15 Minuten backen

ZUTATEN
für 4 Portionen

FÜLLUNG:
150 g Blattspinat
50 g Bärlauch
1 Schalotte, gehackt
1 EL Olivenöl mit Zitrone (siehe Seite 20)
150 g Ricotta oder Magerquark
50 g Parmesan, frisch gerieben
1 Ei
100 g Karotten
1/2 TL Trocomare®
Pfeffer aus der Mühle

1 Portion Dinkel-Pastateig, ca. 350 g (siehe Seite 48)
1/2 EL Butter
4 kleine Zweige Rosmarin

1 Spinat und Bärlauch in breite Streifen schneiden. Schalotte in einer grossen, weiten Bratpfanne im Öl andünsten. Spinat und Bärlauch beigeben, unter Wenden zusammenfallen lassen.

2 Ricotta mit Parmesan und Ei mischen. Karotten grob reiben und dazugeben. Spinat-Bärlauch darunter mischen. Würzen.

3 Pastateig mit Hilfe einer Pastawalze ca. 1 mm dünn auswallen. In 8 Stücke von ca. 15x20 cm schneiden. Füllung vierteln, so auf 4 Teigstücke verteilen, dass rundum ein Rand von ca. 2 cm frei bleibt. Ränder mit Wasser bepinseln. Restliche Teigstücke darauf legen, Ränder gut andrücken und gerade schneiden. Oberfläche leicht einstechen.

4 Backofen auf 180 °C vorheizen. Ravioli auf ein mit Backpapier belegtes Blech setzen. Butter schmelzen, Ravioli und Rosmarin damit bepinseln. Rosmarin auf die Ravioli legen. Im unteren Bereich des Ofens ca. 15 Minuten backen.

Dazu passt gemischter Blattsalat.

Pro Portion ca. 17 g Eiweiss, 16 g Fett, 44 g Kohlenhydrate, 1585 kJ/379 kcal
kalorienarm

TIPP Ausserhalb der Bärlauchsaison kann man z.B. Basilikum, Löwenzahn, Kresse/Brunnenkresse, Rucola oder Sprossen verwenden, die man wegen ihrer (sehr unterschiedlichen) Aromen roh zur Füllung gibt. Sauerampfer und Brennnesselblätter dünstet man dagegen mit dem Spinat.

Waldpilze:
Zubereitungszeit ca. 35 Minuten
+ 30 Minuten backen
Portweinsauce:
Zubereitungszeit ca. 20 Minuten

Geschmorte Waldpilze mit Portweinsauce

ZUTATEN

für 4 Portionen

1 kleiner Wirsing, ca. 300 g
Meersalz
3–4 EL Olivenöl
2 EL Olivenöl mit Zitrone (siehe Seite 20)
600 g gemischte Pilze: z.B. Eierschwämme (Pfifferlinge), Steinpilze, Krause Glucke, Kräuterseitlinge, Austernpilze, Shiitake-Pilze, Champignons
50 g Baumnüsse (Walnüsse)
4–5 Zweige Thymian
Herbamare® Original
Pfeffer aus der Mühle

PORTWEINSAUCE:

300 ml dunkler Gemüsefond (siehe Seite 74)
75 ml roter Portwein
3 Zweige Rosmarin
2 TL Maisstärke
50 ml Vollrahm (Sahne) nach Belieben

1 Die Blätter vom Wirsing lösen, in kochendem Salzwasser ca. 2 Minuten blanchieren. Herausheben, kalt abschrecken, gut abtropfen lassen. Beide Ölsorten mischen. Einen ofenfesten Schmortopf mit wenig Öl einpinseln, mit 4–5 grossen Wirsingblättern auslegen. Restlichen Wirsing in Streifen schneiden. Backofen auf 200 °C vorheizen.

2 Pilze putzen, je nach Art in Scheiben schneiden oder vierteln. Nüsse grob hacken. Vom Thymian die Blättchen zupfen. Alles in einer Schüssel mit dem restlichen Wirsing und dem Öl mischen, würzen. In den Schmortopf geben. Die Pilze in der Ofenmitte zugedeckt 30 Minuten garen.

3 Unterdessen für die Sauce Fond, Portwein und Rosmarin zugedeckt 10 Minuten köcheln lassen. In ein Saucenpfännchen abseihen. Maisstärke mit Rahm oder wenig kaltem Wasser mischen, beigeben. Köcheln lassen, bis die Sauce sämig wird. Mit Herbamare und Pfeffer abschmecken.

4 Pilze mit der Sauce servieren.

Dazu passt Polenta oder Kartoffelpüree.

Pilze: pro Portion ohne Beilage ca. 8 g Eiweiss, 24 g Fett, 11 g Kohlenhydrate, 1195 kJ/286 kcal
kalorienarm, cholesterinfrei, glutenfrei, laktosefrei
Portweinsauce: pro Portion ca. <1 g Eiweiss, 5 g Fett, 2 g Kohlenhydrate, 229 kJ/55 kcal
kalorienarm, glutenfrei

TIPP Anstelle von selbst zubereitetem Gemüsefond kann man fertig gekauften verwenden. Der Alkohol verflüchtigt sich fast völlig beim Kochen. Anstelle von Portwein passt auch Aceto balsamico rosso. Krause Glucke, auch als Blumenkohlpilz bezeichnet, sieht aus wie ein Badeschwamm und ist, wie andere Waldpilze, saisonal auf vielen Wochenmärkten im Angebot.

Miesmuscheln mit Gemüse

Zubereitungszeit ca. 60 Minuten
+ 20 Minuten kochen

ZUTATEN
für 4 Portionen

2 kg Miesmuscheln
1 Karotte
50 g Lauch
100 g Stangensellerie
1/2 Bund glatte Petersilie
1 kleine, unbehandelte Orange
200 ml Weisswein
2 Schalotten, gehackt
1 Knoblauchzehe, gepresst
1 Lorbeerblatt
1/2 TL Anissamen
1 EL Butter
100 ml Rahm (Sahne)
Pfeffer aus der Mühle

1 Muscheln unter fliessendem Wasser waschen, entbarten. Beschädigte oder geöffnete Muscheln wegwerfen. Abtropfen lassen. Gemüse in kleine Würfel schneiden, Petersilie mit den Stielen hacken. Orange auspressen, eine ausgepresste Schalenhälfte aufbewahren.

2 Wein in einem grossen Kochtopf aufkochen, Muscheln dazugeben. Bei grosser Hitze zugedeckt 5–8 Minuten garen, dabei den Kochtopf ab und zu rütteln. Muscheln in einem Sieb abtropfen lassen, Flüssigkeit auffangen und filtrieren. Ungeöffnete Muscheln wegwerfen, geöffnete zurück in den Kochtopf geben, zugedeckt beiseite stellen.

3 Gemüse, Petersilie, Schalotten, Knoblauch, Lorbeer und Anis samt der Orangenhälfte in der Butter gut andünsten. Mit dem Orangensaft und 500 ml der Muschelflüssigkeit ablöschen. Zugedeckt ca. 20 Minuten köcheln lassen, bis das Gemüse gar ist. Lorbeer und Orangenschale entfernen. Rahm dazugeben, alles fein pürieren. Mit Pfeffer abschmecken.

4 Sauce zu den Muscheln giessen, zugedeckt bei kleiner Hitze heiss werden lassen.

Mit knusprigem Brot servieren.

Pro Portion ohne Brot ca. 51 g Eiweiss, 17 g Fett, 6 g Kohlenhydrate, 1592 kJ/381 kcal
kalorienarm, glutenfrei

TIPP Anstelle von Wein kann man auch alkoholfreien Apfelwein verwenden. Die entstandene Flüssigkeit enthält genügend Salz von den Muscheln, so dass sich ein Nachwürzen in der Regel erübrigt. Muscheln sind mineralien- und eiweissspendende Schlankmacher, die wenig Kalorien enthalten. Als Gipfel des Genusses unter den zahlreichen Miesmuschelarten gelten die Boulot-Muscheln aus der Normandie und Bretagne, die, wie der Name sagt, an Pfählen im Wattenmeer wachsen.

Krevettenspiess:
Zubereitungszeit ca. 20 Minuten
+ 60 Minuten marinieren
Linsenpüree:
Zubereitungszeit ca. 35 Minuten

Krevettenspiess mit rotem Linsenpüree

ZUTATEN
für 4 Portionen

1 rote Chilischote
1 Schalotte, gehackt
1 Knoblauchzehe, gepresst
1 TL frischer Ingwer, gerieben
Pfeffer aus der Mühle
1/2 EL Sojasauce
1 EL Erdnussöl
12 grosse, rohe Krevetten, geschält, ca. 500 g
4 dünne Stängel Zitronengras

LINSENPÜREE:
100 g rote Linsen
1 TL frischer Ingwer, gerieben
150 ml Kokosmilch
1/2 TL Herbamare® Spicy
1/2–1 TL Currypulver, scharf
1/4 TL Kurkumapulver
1/2 Limette
1 EL Erdnussöl

1 Chili längs halbieren, entkernen, hacken. Mit Schalotte, Knoblauch, Ingwer, Pfeffer, Sojasauce und Öl im Mörser zu einer Paste verarbeiten. Mit den Krevetten mischen. Zitronengras leicht quetschen, anspitzen und die Krevetten darauf spiessen. Mindestens 1 Stunde im Kühlschrank marinieren lassen.

2 Für das Püree Linsen waschen, abtropfen lassen. Mit 200 ml kaltem Wasser bedecken. Ingwer beigeben, aufkochen. Bei kleiner Hitze offen köcheln lassen, bis alle Flüssigkeit aufgenommen worden ist. Kokosmilch, Herbamare, Curry und Kurkuma mischen, beigeben. Aufkochen, Kochtopf vom Herd nehmen. Limettenschale dazureiben, Saft dazupressen. In einem Cutter oder im Mixglas der Küchenmaschine fein pürieren. Je nach gewünschter Konsistenz noch etwas heisses Wasser beigeben. Am Schluss das Öl bei laufendem Gerät tropfenweise darunter arbeiten.

3 Krevettenspiesse auf dem Grill oder in der Pfanne beidseitig kurz braten.

4 Linsenpüree leicht erwärmen, mit den Spiessen servieren.

Krevettenspiesse: pro Portion ca. 26 g Eiweiss, 3 g Fett, 4 g Kohlenhydrate, 617 kJ/149 kcal
kalorienarm, glutenfrei, laktosefrei
Linsenpüree: pro Portion ca. 7 g Eiweiss, 9 g Fett, 16 g Kohlenhydrate, 696 kJ/165 kcal
kalorienarm, cholesterinfrei, glutenfrei, laktosefrei

TIPP Das Linsenpüree eignet sich kalt auch als Dip oder als Brotaufstrich. Das Rezept kann man mit Seeteufelmedaillons, Jakobsmuscheln oder Calamaretti zubereiten. Oder man mariniert festfleischige Heilbutt-, Schwertfisch- oder Thunfischsteaks mit nur 1 Stängel aufgeschnittenem Zitronengras und brät sie am Stück in der Pfanne in 1 EL Erdnussöl von beiden Seiten je 2–3 Minuten.

Zitronen-Bohnen-Sauce:
Zubereitungszeit ca. 20 Minuten
+ über Nacht einweichen
+ 90 Minuten kochen
Zanderfilets:
Zubereitungszeit ca. 20 Minuten

Zanderfilets mit Zitronen-Bohnen-Sauce

ZUTATEN

für 4 Portionen

ZITRONEN-BOHNEN-SAUCE:

100 g getrocknete weisse Bohnen
1 Gewürznelke
3–4 Kaffirlimettenblätter nach Belieben
1 unbehandelte Zitrone
1/2 Würfel Plantaforce® Gemüsebrühe
1 TL Senf, mittelscharf
1 EL Olivenöl mit Zitrone (siehe Seite 20)

4 Zanderfilets à ca. 130 g
Herbamare® Original
Kelpamare® Pflanzenwürze oder Sojasauce
Pfeffer aus der Mühle
3 EL Dinkelgriess

Olivenöl zum Braten

1 Am Vortag: Für die Sauce Bohnen, Nelke und Limettenblätter in ca. 1/2 Liter kaltem Wasser über Nacht (12 Stunden) einweichen.

2 Am Zubereitungstag: Bohnen zugedeckt im Einweichwasser samt Nelke und Limettenblättern ca. 90 Minuten weich kochen. Gewürze entfernen, Bohnen in einem Sieb abtropfen lassen, Kochflüssigkeit auffangen. 1/4 Zitronenschale abreiben, 1 EL Zitronensaft dazupressen. Mit Bohnen, zerdrücktem Plantaforce-Würfel, Senf und 100 ml der Kochflüssigkeit in einem Cutter oder im Mixglas der Küchenmaschine fein pürieren. Je nach gewünschter Konsistenz noch etwas Kochflüssigkeit beigeben. Am Schluss das Öl bei laufendem Gerät tropfenweise darunter arbeiten.

3 Fischfilets mit etwas Zitronensaft beträufeln, würzen. Halb zusammenfalten, im Griess wenden. Im Öl bei guter Hitze auf jeder Seite 2–3 Minuten braten.

4 Zitronen-Bohnen-Sauce leicht erwärmen. Restliche Zitrone in Scheiben schneiden und mit den Fischfilets und der Sauce anrichten.

Zitronen-Bohnen-Sauce: pro Portion ca. 6 g Eiweiss, 2 g Fett, 13 g Kohlenhydrate, 373 kJ/90 kcal
kalorienarm, cholesterinfrei, glutenfrei, laktosefrei
Zanderfilets: pro Portion ca. 25 g Eiweiss, 2 g Fett, 3 g Kohlenhydrate, 566 kJ/134 kcal
kalorienarm, laktosefrei

TIPP Die Zitronen-Bohnen-Sauce lässt sich auch als Dip oder als Brotaufstrich verwenden, wenn man beim Pürieren etwas weniger Kochflüssigkeit nimmt. Griess, ob aus Dinkel oder Weizen, eignet sich hervorragend als leichte Panade anstelle von Paniermehl (Semmelbrösel).

Seeteufel mit Erbsen-Nuss-Püree

Zubereitungszeit ca. 50 Minuten
+10 Minuten backen

ZUTATEN
für 4 Portionen

ORANGEN-NUSS-KRUSTE:
75 g Baumnüsse (Walnüsse)
1/2 unbehandelte Orange
1 TL Honig, flüssig
3–4 Zweige Majoran
1/2 EL Baumnussöl (Walnussöl)
Kelpamare® Pflanzenwürze oder Sojasauce
Herbamare® Original
Pfeffer aus der Mühle

8 Seeteufelbäckchen oder -medaillons à 80 g
1 EL Olivenöl zum Braten

ERBSEN-NUSS-PÜREE:
je 20 g geschälte Mandeln, Pinienkerne und geschälte Pistazien
200 ml Milch
1 Würfel Plantaforce® Gemüsebrühe
Muskatnuss, frisch gerieben
500 g grüne Erbsen, frisch oder tiefgekühlt
2 TL Olivenöl mit Zitrone (siehe Seite 20)

1 Für die Orangen-Nuss-Kruste Nüsse in einer beschichteten Bratpfanne ohne Fett rösten. Orangenschale dazureiben, samt Honig und Majoran im Cutter mahlen. Mit Öl und ca. 1 EL Orangensaft zu einer Paste verarbeiten, mit Kelpamare, Herbamare und Pfeffer abschmecken. Fisch im restlichen Orangensaft marinieren.

2 Für das Erbsen-Püree Mandeln, einige Pinienkerne und Pistazien zum Garnieren beiseite legen, den Rest in einer beschichteten Bratpfanne ohne Fett goldbraun rösten, dann fein mahlen.

3 Milch mit Plantaforce-Würfel und Muskat aufkochen. Tiefgekühlte Erbsen mit kochendem Wasser überbrausen, abtropfen lassen, zur Milch geben. Frische Erbsen direkt beigeben, offen 6–8 Minuten köcheln lassen. Fein pürieren. Gemahlene Nüsse dazugeben, gut mischen. Mit Herbamare und Pfeffer kräftig würzen und mit dem Öl aromatisieren. Sanft erhitzen. Beiseite gelegte Nüsse darüberstreuen. Warm halten.

4 Backofen auf 200 °C vorheizen. Fisch trocken tupfen. Öl in eine Gratinform geben, Fisch darin wenden, in der Form verteilen. Orangen-Nuss-Masse darauf streichen. In der Ofenmitte 8–10 Minuten backen.

Pro Portion ca. 41 g Eiweiss, 26 g Fett, 22 g Kohlenhydrate, 2025 kJ/484 kcal
kalorienarm, glutenfrei

TIPP Anstelle von Seeteufel eignen sich auch Zander- oder Flunderfilets. Diese halb zusammenklappen, bevor die Nuss-Masse darauf verteilt wird. Das leicht süssliche Erbsen-Püree passt als Beilage ebenso zu Geflügel oder Getreide.

Zubereitungszeit ca. 30 Minuten
+20 Minuten garen

Saibling in der Folie

ZUTATEN

für 4 Portionen

4 küchenfertige Saiblinge oder Forellen à ca. 300 g
1 unbehandelte Zitrone
100 g Champignons
300 g Tomaten
150 g Karotten
je 2 Zweige glatte Petersilie und Estragon
1 Zweig Rosmarin
1/2 TL Herbamare® Original
Pfeffer aus der Mühle
4 Lorbeerblätter
100 ml Weisswein oder alkoholfreier Apfelwein
Alufolie

1 Fische mit kaltem Wasser waschen, trocken tupfen. Zitronenschale in eine Schüssel fein abreiben, Zitronensaft auspressen, Fische mit dem Saft innen und aussen beträufeln. 4 grosse Stücke Alufolie bereit legen.

2 Champignons und Tomaten würfeln, Karotten in streichholzfeine Streifen schneiden. Petersilie und Estragon grob, Rosmarinnadeln fein hacken. Alles in der Schüssel mit der Zitronenschale, Herbamare und Pfeffer mischen. Die Hälfte davon in der Mitte der Folienstücke verteilen.

3 Fische innen und aussen mit Herbamare würzen, auf das Gemüse legen. Restliches Gemüse und Lorbeer auf die Fische häufen. Weisswein dazugiessen. Folien dicht verschliessen. Backofen auf 200 °C vorheizen.

4 Folienpakete auf einem Blech in der Ofenmitte 15–20 Minuten garen.

In der Folie servieren. Dazu passt Trockenreis.

Pro Portion ohne Reis ca. 41 g Eiweiss, 6 g Fett, 7 g Kohlenhydrate, 1091 kJ/261 kcal
kalorienarm, glutenfrei, laktosefrei

TIPP Das Gericht kann man auch mit je 150–200 g Fischfilets portionenweise zubereiten. Die Garzeit im Ofen verringert sich dann auf 8–10 Minuten, danach 3–4 Minuten auf vorgewärmten Tellern ziehen lassen. Jede Portion in einem eigenen Folienpaket zubereiten. Der Seesaibling aus Wildfang gilt unter Kennern als delikatester Süsswasserfisch überhaupt. Sein Fleisch ist ausgesprochen zart und schmackhaft.

Goldbrasse südamerikanische Art

Zubereitungszeit ca. 30 Minuten
+ 2 Stunden marinieren
+ 15 Minuten garen

ZUTATEN

für 4 Portionen,
Zubereitung im Dampfgarer

4 küchenfertige Goldbrassen à ca. 300 g
2 Limetten
1–2 rote Chilischoten
1 Knoblauchzehe, gepresst
2–3 Schalotten
1 Stück Ingwer, daumengross
1/2 Bund Koriander
100 ml Sherry, süss, oder Apfelsaft
200 ml Fischfond
1 TL Maisstärke
Herbamare® Original
Pfeffer aus der Mühle

wenig Erdnussöl für den Garbehälter

1. Fische mit kaltem Wasser waschen, trocken tupfen. Auf jeder Seite 3 ca. 1 cm tiefe Einschnitte anbringen. Limetten auspressen, Schalen aufbewahren. Chilis entkernen, fein hacken, mit Knoblauch zum Limettensaft geben. Fische damit gut einreiben, 2 Stunden kühl stellen.

2. Fische abtropfen, in einen eingeölten, gelochten Garbehälter legen. Limettenschalen und Schalotten vierteln, Ingwer in Scheiben schneiden. Mit Korianderzweigen und aufgefangener Marinade in einen ungelochten Garbehälter geben.

3. Dampfgarer nach Vorschrift vorbereiten, Temperatur 100 °C. Ungelochten Behälter unten, Fische im gelochten Behälter darüber einschieben. 15 Minuten garen. Fische warm stellen.

4. Flüssigkeit aus dem ungelochten Behälter in ein Saucenpfännchen seihen. Mit Sherry und Fond auf ein Drittel einkochen. Maisstärke mit wenig kaltem Wasser anrühren, beigeben und so lange köcheln, bis die Sauce bindet. Abschmecken und mit den Fischen anrichten.

Dazu passen Trockenreis (nicht polierter Duftreis), in Sesam- oder Erdnussöl gebackene Kochbananen oder Süsskartoffeln.

Pro Portion ohne Beilage ca. 36 g Eiweiss, 1 g Fett, 6 g Kohlenhydrate, 858 kJ / 205 kcal
kalorienarm, glutenfrei, laktosefrei

TIPP Der Alkohol verflüchtigt sich fast völlig beim Kochen. Wenn Sie keinen Dampfgarer haben, kann man die Fische auch einzeln, samt Gewürzen und Marinade, in Alufolie verpackt im Ofen bei 200 °C ca. 25 Minuten garen. Auch andere ganze Meerfische aus Wildfang, wie Wolfsbarsch, Meeräsche, Petersfisch oder Makrele, eignen sich für diese Zubereitung. Je nach Grösse verlängert sich die Zubereitungszeit um ein paar Minuten.

Zubereitungszeit ca. 30 Minuten
+ 15 Minuten backen

Fenchel-Pizza

ZUTATEN
für 2 Portionen

GUSS:
1/4 TL Anissamen
1 Ei
2 EL Rahm (Sahne)
1/2 TL Herbamare® Original

1 Schalotte
75 g Knollensellerie
25 g schwarze Oliven, entsteint
250 g Fenchel
1 Prise Safranfäden
1/2 EL Olivenöl
1/2 EL Olivenöl mit Zitrone (siehe Seite 20)
1 Dinkel-Focaccia-Teig (siehe Seite 66)
250 g Tomaten
Pfeffer aus der Mühle
100 g Büffelmozzarella
50 g Roquefort oder ein anderer Blauschimmelkäse, gewürfelt

1 Für den Guss Anis im Mörser verreiben, mit den übrigen Zutaten verquirlen.

2 Schalotten, Sellerie und Oliven in feine Streifen schneiden, Fenchel in 3 mm dicke Scheiben hobeln. Alles mit Safran und den Ölen in einer Schüssel mischen.

3 Teig zu 2 dünnen, runden Böden von ca. 25 cm Durchmesser oder zu einem Rechteck von 35x25 cm auswallen. Einen Rand formen, auf Backpapier legen.

4 Backofen mit Blech auf 250 °C vorheizen. Tomaten in dünne Scheiben schneiden, Teig damit belegen. Fenchel-Gemüse darüber verteilen. Mit Pfeffer und Herbamare würzen. Mozzarella klein würfeln, mit Roquefort zerdrücken, darüber geben. Mit dem in der Schüssel zurückgebliebenen Öl beträufeln. Backpapier samt der Pizza auf das Blech ziehen, in der Ofenmitte 5 Minuten vorbacken.

5 Guss darüber verteilen. 8–10 Minuten fertig backen.

Pro Portion ca. 31 g Eiweiss, 34 g Fett, 60 g Kohlenhydrate, 2885 kJ/683 kcal

TIPP Wenn es schnell gehen muss, kann man anstelle des Focaccia-Teigs 450 g fertigen Pizzateig verwenden.
Sehr gut passt Thunfisch dazu: 300 g abgetropften und zerpflückten Thunfisch aus der Dose mit dem Guss darüber geben. Bei Dosenthunfisch gibt es grosse Qualitätsunterschiede. Sparen Sie nicht an der falschen Stelle.

Kürbis-Kastanien-Quiche mit Lachs

Zubereitungszeit ca. 30 Minuten
+ 30 Minuten garen
+ 30 Minuten backen

ZUTATEN

für 4 Portionen,
für eine Kuchenform von 28 cm ⌀

1 Portion Käse-Olivenöl-Teig (siehe Seite 75)
800 g Kürbis, z.B. Butternuss, geschält
1/2 TL Anissamen
1/2 TL schwarze Senfkörner
1 TL Koriandersamen
1 TL Herbamare® Original
2 EL Kürbiskerne
2 EL Buchweizen, ganze Samen, geröstet
100 g gekochte, geschälte Kastanien
1 EL Baumnussöl (Walnussöl)
1 EL Olivenöl mit Zitrone (siehe Seite 20)
200 g Räucherlachs, in dünnen Scheiben

GUSS:

1 grosses Ei
100 g Crème fraîche (Sauerrahm)
1 Prise Safranfäden
Herbamare® Original
Pfeffer aus der Mühle

1 Kuchenform mit dem ausgewallten Teig auslegen, einen Rand formen. Teigboden dicht einstechen und ca. 30 Minuten kühl stellen. Alle Zutaten für den Guss verquirlen und abschmecken.

2 Backofen auf 180 °C vorheizen. Kürbis in etwa 2 cm grosse Würfel schneiden. Anis, Senf und Koriander mit Herbamare im Mörser fein zerstossen. Mit Kürbiskernen, Buchweizensamen, Kastanien und den Ölen zum Kürbis geben und gut mischen. Auf dem Ofenblech oder in einer grossen Gratinform in der Ofenmitte ca. 30 Minuten weich garen. Aus dem Ofen nehmen und etwas abkühlen lassen.

3 Die Kastanien mit einer Gabel etwas zerdrücken. Lachs in Streifen schneiden. Mit Kürbis und Guss mischen, auf dem Teig verteilen. Bei 180 °C 25–30 Minuten backen.

Mit grünem Salat servieren.

Pro Portion ca. 28 g Eiweiss, 48 g Fett, 39 g Kohlenhydrate, 2958 kJ/707 kcal

TIPP Fisch ist sehr gesund, insbesondere fettreicher Fisch wie Lachs. Dies vor allem wegen seines hohen Gehalts an Omega-3-Fettsäuren und leicht verdaulichem Eiweiss. Aber auch bei Fisch gilt: Lieber weniger, dafür bessere Qualität. Dies bedeutet beim Lachs Wildfang oder, wenn schon Zucht, dann Bio-Aquakulturen, in denen die Tiere gesünder und mehr in Bewegung gehalten werden.

Rosenkohlblätter mit Aprikosen

Zubereitungszeit ca. 45 Minuten

ZUTATEN

für 4 Portionen als Beilage,
2 Portionen als Hauptgericht

500 g Rosenkohl
Meersalz
50 g getrocknete Aprikosen, ungeschwefelt
2 EL Olivenöl
2 EL Preiselbeeren, aus dem Glas
Herbamare® Original
Pfeffer aus der Mühle
Muskatnuss, frisch gerieben

1 Rosenkohl in einzelne Blättchen teilen: den Strunk mehrmals anschneiden, möglichst viele Blättchen ablösen, Rest der Köpfchen vierteln. In viel Salzwasser portionenweise 2 Minuten blanchieren. In Eiswasser abschrecken, abtropfen lassen.

2 Aprikosen in kleinste Würfel schneiden. Im Öl andünsten. Rosenkohl und Preiselbeeren beigeben, unter Wenden nur so lange mitdünsten, bis alles heiss ist. Mit Herbamare, Pfeffer und Muskat würzen.

Pro Portion als Beilage ca. 7 g Eiweiss, 3 g Fett, 18 g Kohlenhydrate, 534 kJ / 128 kcal
kalorienarm, cholesterinfrei, glutenfrei, laktosefrei

TIPP Als Hauptgericht mit Lamm-Chops oder Hirsch-Entrecôtes servieren. Die Verbindung von herb (Kohl) und süss (Früchten) ist sehr harmonisch und empfiehlt sich auch für andere Kohlarten wie Weiss-, Rot- oder Stängelkohl. Statt Aprikosen kann man z.B. Rosinen verwenden und diese in Rosenwasser einlegen.

Chicorée-Gemüse

Zubereitungszeit ca. 20 Minuten

ZUTATEN

für 4 Portionen als Beilage

350 g weisser Chicorée
200 g roter Chicorée, Trevisano oder Radicchio rosso
1/4 Würfel Plantaforce® Gemüsebrühe
50 ml Wasser, kochend
4 EL Buchweizen, ganze Samen, geröstet
3 EL Rapsöl
2 EL Himbeeressig (siehe Seite 21)
Herbamare® Original
Pfeffer aus der Mühle

1 Weissen und roten Chicorée quer in 3–4 cm breite Stücke schneiden, harte Teile vom Strunk entfernen. Plantaforce-Würfel im Wasser auflösen.

2 Buchweizen in 1 EL Öl in einer Bratpfanne unter Rühren goldbraun rösten. Beiseite stellen.

3 Restliches Öl in einer grossen Bratpfanne erhitzen. Chicorée beigeben und unter Wenden bei guter Hitze dünsten, bis das Gemüse etwas zusammenfällt. Gemüsebrühe und Essig beigeben. Nur noch kurz weiterdünsten. Mit Herbamare und Pfeffer abschmecken.

Anrichten und mit dem Buchweizen bestreuen.

Pro Portion als Beilage ca. 2 g Eiweiss, 4 g Fett, 6 g Kohlenhydrate, 283 kJ/68 kcal

kalorienarm, cholesterinfrei, glutenfrei, laktosefrei

TIPP In Öl oder Butter geröstete Buchweizensamen verleihen auch anderem Gemüse oder Kartoffeln ein feines, nussiges Aroma. Buchweizen wirkt sich wie Naturreis nach Alfred Vogel günstig auf erhöhten Blutdruck aus, vor allem in Verbindung mit salz- und eiweissarmen Zubereitungen. Die in Chicorée und Trevisano enthaltenen Bitterstoffe haben einen günstigen Einfluss auf die Lebertätigkeit.

Süssspeisen

MEHL/KUCHENTEIG Frisch gebackener Vollkornteig mit Roh-Rohrzucker, selbst zubereitet und ohne Transfette, Stabilisatoren und andere unerwünschte Zusatzstoffe, schmeckt nicht nur, sondern ist auch gesünder als Fertigteig aus Weissmehl und Kristallzucker. Ausserdem ist so ein Teig schnell gemacht und geht leicht von der Hand.

Grundrezept Vollkorn-Mürbeteig: 200 g Vollkornmehl mit 50 g Roh-Rohrzucker und 1 Prise Meersalz mischen. 1 kleines Ei, 1 TL Apfelessig und 1 EL Wasser verquirlen, mit 70 g kalter Butter in Würfeln zur Mehl-Mischung geben und alles mit den Fingerspitzen oder den Knethaken der Küchenmaschine zu einem Teig zusammenfügen. In Klarsichtfolie verpackt 30 Minuten im Kühlschrank ruhen lassen. Für die Rezepte «Feigen-Tarte» und «Dattel-Mokka-Törtchen» kommt der Teig zur Anwendung. Natürlich kann man damit auch andere süsse Wähen und Früchtekuchen zubereiten. Die Mengen sind für eine Kuchenform von 20 cm Durchmesser berechnet. Für eine 28-cm-Form benötigt man die 1,5-fache Menge.

JOGHURT UND ANDERE MILCHPRODUKTE Viele Menschen vertragen Milch wegen des Milchzuckers (Laktose) nicht, Joghurt dagegen schon. Das kommt daher, dass Joghurtkulturen reichlich das Enzym Laktase bilden, das Laktose spaltet und dem Magen beim Abbau von Milchzucker einerseits und bei der Aufnahme von Nährstoffen und Mineralien wie Kalzium andererseits hilft. Überhaupt ist das gesäuerte Milcherzeugnis aus Vorderasien ein ausgezeichneter Förderer und Sanierer, was die Verdauungsarbeit und den Aufbau einer gesunden Darmflora betrifft. Dies dank der Milchsäurebakterien, von denen man am meisten in frischem Joghurt profitieren kann.

Frischer als selbst gemacht geht nicht – und dabei garantiert ohne künstliche Zusatzstoffe. Zum Selbermachen braucht man ein Nährmedium (Dextrose) und lebende, natürliche Milchsäurebakterien als «Starterkulturen», die den Säuerungsprozess der Milch in Gang setzen. Durch das Einrühren solcher Enzyme oder «Vital-Fermente» in Milch kommt es zur Milchsäuregärung, bei der sich ein Teil des Milchzuckers in Milchsäure umwandelt. Das Milcheiweiss gerinnt und die Milch wird dick. Je nach Art der verwendeten Milchsäurebakterien kann man auf diese Weise Naturjoghurt, Joghurt L+ (mit rechtsdrehender Milchsäure), probiotischen Joghurt, Creme-Joghurt, stichfeste Dickmilch (Sauermilch), Kefir, Frischkäse oder Quark selbst machen. Eine breite Palette an Milchprodukten kann man mit A.Vogel Vital-Fermenten (Starterkulturen und Zubehör) herstellen.

Welche Milch dabei zum Zug kommt, ist nicht so entscheidend, von frischer Rohmilch bis zu Milch aus Milchpulver ist alles möglich. Ausserdem muss es nicht Kuhmilch sein; man kann genauso gut, je nach Art der Fermente, Schaf-, Ziegen-, Büffel-, Reis- oder Sojamilch verwenden. Wichtig ist, dass man mit einem Thermometer die richtige Temperatur je nach gewünschtem Fermentationsprozess erreicht (zwischen 20 und 42 °C) und die Milchprodukte in einem speziellen Joghurt-Bereiter oder in Gläsern in einer Styroporbox fünf bis elf Stunden fermentieren und anschliessend im Kühlschrank reifen lässt.

EXOTISCHE FRÜCHTE Sie sind die Krönung der Küchenschätze der Natur und spielen eine grosse Rolle in der gesunden Ernährung. Die meisten Exoten liefern Vitalstoffe und Energie in geballter Form, wie zum Beispiel Mango, Banane, Cherimoya oder die Durianfrucht. Die einen sind Balsam für die Nerven und verschaffen einen guten Schlaf, wie z.B. Passionsfrüchte und Bananen. Andere wirken als Schlankmacher wie etwa Papaya, Kiwis oder Grapefruits. Wieder andere, etwa Melonen, Ananas, Kaktusfeigen oder Feigen, kurbeln die Verdauung an und können noch viel mehr.

Damit man in ihren vollen Genuss kommt, nimmt man beim Einkauf die feinen Früchtchen kritisch unter die Lupe, um reife aus den vielen unreifen Exoten herauszufinden. Ist bei Passionsfrüchten beispielsweise die schrumpelige Schale ein Zeichen von Süsse und Reife, ist es bei Kiwi oder Papaya das Nachgeben auf leichten Druck und bei der Melone der Duft. Bei der Ananas sind es die Blätter, die sich leicht aus dem Blattschopf ziehen lassen, wobei ein kleiner Blattschopf ebenso ein Zeichen für intensives Aroma ist wie ausgeprägte Schuppen an der Aussenhaut. Da man bei der Mango leicht daneben greift und die Farbe kein Hinweis auf Reife ist, kauft man sie am besten bei einem vertrauenswürdigen Händler. Beim transportfähigen, haltbaren Granatapfel dagegen hat man meist Glück, in den vollen Genuss der saftigen Kerne zu kommen.

Die vielseitige, vitamin- und mineralstoffreiche Durianfrucht ist neben der Papaya eine «Lieblingsexotin» Alfred Vogels, die heute noch in seinem Vollwert-Müesli enthalten ist. Denn die Stinkfrucht, wie Durian auch heisst, ist für ihn Nahrung, die Flügel respektive «Kräfte verleiht, um aussergewöhnliche Leistungen vollbringen zu können». Allerdings ist nur ihr Geruch nicht vom Feinsten, der Geschmack sehr wohl, weshalb man die frische Frucht, die es meist sogar in reifem Zustand in Asialäden gibt, möglichst oft, aber rasch konsumieren sollte.

ZUCKER UND HONIG Beim Süssen plädiert Alfred Vogel für vollwertigen Naturzucker und andere «einwandfreie Süssstoffe» wie Honig, Traubennährzucker, Ahornsirup und Trockenfrüchte. Roh-Rohrzucker enthält «noch ein ganzes Gemisch von Mineralbestandteilen wie Kalk, Fluor, Magnesium, Mangan, Eisen, Kieselsäure, Phosphor u.a.», wenn auch nicht soviel wie Naturzucker, während weisser Zucker davon befreit und in Alfred Vogels Augen wie Weissmehl und weisser Reis ein «denaturiertes Erzeugnis» ist, das nur zu Zahnkaries und anderen Zivilisationskrankheiten führt.

Honig ist dagegen ein bewährtes, hochwertiges Nahrungs- und Heilmittel. Mit der unterschiedlichen Herkunft des gesammelten Blütennektars variieren auch Farbe, Konsistenz und Aroma des Honigs, so dass unzählige unterschiedliche Nuancen existieren. Wichtig ist dabei, dass der Nektar nicht von Blüten aus überdüngten Wiesen und der Nähe stark befahrener Strassen stammt. Fester Honig wird im Wasserbad bis maximal 45 °C wieder flüssig. Bei höheren Temperaturen verliert er seine wertvollen Inhaltsstoffe, weshalb er sich auch nicht primär zum Backen und Kochen eignet, wohl aber zum Verfeinern von Salatsaucen, Süssen von Müesli, sauren Früchten, Desserts oder einfach aufs Vollkornbutterbrot.

Löwenzahn-Honig:
Zubereitungszeit ca. 60 Minuten
+ über Nacht ziehen lassen
Löwenzahn-Parfait:
Zubereitungszeit ca. 30 Minuten
+ auskühlen lassen

Löwenzahn-Honig Löwenzahn-Parfait

ZUTATEN

für 750 g Honig und 450 g Parfait

HONIG:

150 g Löwenzahn-Blüten (nur die abgezupften, gelben Blütenblätter)
1 l Wasser
1 Zitrone
1 kg Roh-Rohrzucker

PARFAIT:

400 ml Weisswein oder weisser, moussierender Traubensaft
125 g Butter
3 Eigelb
100 g Löwenzahn-Honig
1/4 unbehandelte Zitrone

1 Am Vortag: Für den Löwenzahn-Honig Blütenblätter mit dem Wasser kurz aufkochen, über Nacht zugedeckt ziehen lassen.

2 Am Zubereitungstag: Flüssigkeit abseihen. Zitrone schälen, in Scheiben schneiden, mit dem Zucker beigeben. Erhitzen und auf etwa ein Drittel einkochen, bis eine sirupartige Masse entsteht. Probe: Etwas Masse mit einem Esslöffel entnehmen, erkaltet, muss sie dickflüssig sein. Den «Honig» durch ein Sieb in Gläser füllen, verschliessen und auskühlen lassen.

3 Für das Parfait Weisswein offen auf 200 ml einkochen lassen. Vom Herd nehmen. Butter in Stücken und Eigelb nach und nach unter die noch heisse Flüssigkeit mixen. Zum Schluss Löwenzahn-Honig darunter mischen und Zitronenschale dazureiben. Im Kühlschrank auskühlen lassen, dann in der Eismaschine gefrieren.

Löwenzahn-Honig pro 100 g ca. <1 g Eiweiss, <1 g Fett, 132 g Kohlenhydrate, 2260 kJ/540 kcal
cholesterinfrei, glutenfrei, laktosefrei
Löwenzahn-Parfait pro 100 g ca. 3 g Eiweiss, 28 g Fett, 30 g Kohlenhydrate, 1600 kJ/369 kcal
glutenfrei

TIPP Der restliche Löwenzahn-Honig eignet sich als Brotaufstrich oder zum Süssen und Aromatisieren von Müesli und feinen Desserts. Gut verschlossen, sind die Gläser etwa ein Jahr haltbar.
Ohne Eismaschine stellt man die Masse in einem flachen Gefäss in den Tiefkühler und rührt viertelstündlich mit einer Gabel um, bis das Parfait gefroren ist. Der Alkohol verflüchtigt sich fast völlig beim Einkochen.

Apfel-Parfait auf gedämpften Äpfeln

Zubereitungszeit ca. 45 Minuten
+ auskühlen lassen

ZUTATEN
für 4 Portionen

PARFAIT:
1 Apfel, ca. 150 g
1/2 Zitrone
50 g Roh-Rohrzucker
2 EL Wasser
1 Rosmarinzweig
30 g Honig, flüssig
180 g Joghurt nature (siehe Tipp)

1 Apfel, ca. 150 g
50 ml Apfelsaft
einige Rosmarinnadeln

1 Für das Parfait Apfel schälen und in Schnitze schneiden. Mit dem Saft der Zitrone, Zucker, Wasser und Rosmarin zugedeckt zu einem Mus kochen. Rosmarin entfernen. Pürieren, auskühlen lassen. Mit Honig und Joghurt verrühren. In der Eismaschine einfrieren.

2 Apfel schälen, Kerngehäuse ausstechen. Apfel in 4 schöne Scheiben schneiden. Im Apfelsaft mit den Rosmarinnadeln knapp weich köcheln lassen.

3 Apfelscheiben auf Tellern anrichten. Je eine Kugel Parfait darauf setzen und mit einigen Rosmarinnadeln garnieren.

Pro Portion ca. 2 g Eiweiss, 2 g Fett,
30 g Kohlenhydrate, 627 kJ/150 kcal
kalorienarm, cholesterinfrei, glutenfrei

TIPP Ohne Eismaschine: Masse in einem flachen Gefäss in den Tiefkühler stellen und viertelstündlich mit einer Gabel umrühren, bis das Parfait gefroren ist. Joghurt kann man mit A.Vogel Vital-Ferment «Creme-Joghurt» selbst herstellen.

Marinierte Ananas mit Honig-Joghurt

Zubereitungszeit ca. 35 Minuten
+ 3–4 Stunden marinieren

ZUTATEN

für 4 Portionen

1 Ananas, ca. 600 g
1/2 Vanilleschote
1/2 Limette
1/2 EL frischer Ingwer, gerieben
50 ml Wasser
50 g Roh-Rohrzucker

HONIG-JOGHURT:

80 g Rahmquark (Sahnequark)
240 g Joghurt nature (siehe Tipp)
40 g Honig, flüssig
50 ml Vollrahm (Sahne)
20 g ungeschälte Mandeln

1 Ananas schälen, längs halbieren, Strunk herausschneiden. Ananas in Würfel schneiden. Vanilleschote längs halbieren, Samen herauskratzen. Limette auspressen, Saft mit Ingwer und Wasser mischen.

2 Zucker in einer weiten Chromstahlkasserolle bei mittlerer Hitze haselnussbraun karamellisieren, dabei erst rühren, wenn der Zucker schmilzt. Kasserolle vom Herd nehmen, mit der Limetten-Mischung ablöschen (Vorsicht: Die Masse ist sehr heiss!). Vanillesamen und -schote beigeben und bei kleiner Hitze so lange rühren, bis sich der Karamell vollständig aufgelöst hat. Ananas darunter mischen. Zugedeckt bei Raumtemperatur 3–4 Stunden marinieren lassen. Vanilleschote entfernen.

3 Quark, Joghurt und Honig gut mischen. Rahm steif schlagen und unter die Masse heben. Mandeln grob hacken und darüber streuen.

4 Ananas mit dem Joghurt servieren.

Ananas: pro Portion ca. <1 g Eiweiss, <1 g Fett, 26 g Kohlenhydrate, 455 kJ/109 kcal
kalorienarm, cholesterinfrei, glutenfrei, laktosefrei
Honig-Joghurt: pro Portion ca. 6 g Eiweiss, 12 g Fett, 13 g Kohlenhydrate, 768 kJ/183 kcal
kalorienarm, glutenfrei

TIPP Ananas sind kalorienarm und enthalten ein eiweissspaltendes, verdauungsförderndes Enzym, das Bromelain. Am geschmacksintensivsten sind Baby-Ananas, von denen man etwa 3 Stück für dieses Rezept braucht. Bei Verwendung von Ananas aus der Dose nimmt man den Saft anstelle von Wasser. Joghurt kann man mit A.Vogel Vital-Ferment «Creme-Joghurt» selbst herstellen.

Zubereitungszeit ca. 50 Minuten
+ 15 Minuten überbacken

Überbackene Birnen

ZUTATEN

für 4 Portionen

500 ml Wasser
2 EL Bambu® Instant
2 EL Roh-Rohrzucker
4 Birnen à ca. 150 g, nicht zu reif

FÜLLUNG:

50 g Frischkäse (siehe Tipp)
1 TL Bambu® Instant
1/4 TL Zimtpulver
50 g kandierter Ingwer

MERINGAGE:

1 EL Butter
1 Eiweiss
1 Prise Meersalz
1 EL Roh-Rohrzucker
1 EL helles Dinkelmehl
1 Eigelb

1 Wasser mit Bambu und Zucker aufkochen. Birnen schälen, halbieren, Kerngehäuse ausstechen. Im Bambu-Sud bissfest garen. 4 Birnenhälften herausheben, in eine Gratinform setzen. Restliche Birnen gut weich kochen.

2 Für die Füllung Frischkäse mit Bambu und Zimt mischen. Ingwer hacken, darunter mischen. Die bissfesten Birnenhälften mit der Ingwermasse füllen und mit etwas Bambu-Sud umgiessen. Backofen auf 175 °C vorheizen.

3 Für die Meringage Butter schmelzen, etwas abkühlen lassen. Eiweiss mit dem Salz halb steif schlagen. Zucker beigeben, weiter schlagen, bis die Masse steif ist. Mehl dazusieben, Eigelb mit der Butter darunter ziehen. Meringage auf den Birnenhälften verteilen und in der Ofenmitte ca. 15 Minuten goldgelb überbacken.

4 Unterdessen die restlichen Birnenhälften mit 100 ml Bambu-Sud zu einer Sauce pürieren. In 4 Dessertschalen verteilen und die gratinierten Birnen darauf setzen.

Heiss oder kalt servieren.

Pro Portion ca. 3 g Eiweiss, 9 g Fett, 24 g Kohlenhydrate, 789 kJ / 188 kcal
kalorienarm

TIPP Auch mit Äpfeln schmeckt dieses raffinierte Dessert. Für das Gelingen ist wichtig, welchen Frischkäse man verwendet: nicht etwa Quark oder Ricotta, sondern Frischkäse à la Philadelphia oder Gervais. Bambu verleiht diesem Gericht ein erdig-überraschendes Kaffee-Aroma, das in wunderbarem Kontrast zu den luftigen überbackenen Birnen steht.

Zubereitungszeit ca. 30 Minuten
+ 30 Minuten backen

Stachelbeer-Auflauf

ZUTATEN
für 4 Portionen als süsse Mahlzeit

250 g altbackenes Brot (halbweiss oder dunkel)
500 ml Milch
50 g Haselnüsse
1 unbehandelte Zitrone
je 3–4 Zweige Melisse und Basilikum
2 Eigelb
180 g Crème fraîche (Sauerrahm)
50 g Roh-Rohrzucker
1/2 TL Zimtpulver
2 Eiweiss
1 Prise Meersalz
500 g Stachelbeeren

Butter für die Form

1 Brot in Würfel schneiden. Milch aufkochen, darüber giessen, etwas ziehen lassen. Durch ein grobes Sieb streichen oder pürieren.

2 Nüsse grob hacken und in einer beschichteten Bratpfanne ohne Fett goldbraun rösten. Zitronenschale abreiben, Saft auspressen. Melisse- und Basilikumblättchen in feine Streifen schneiden. Alles mit den weiteren Zutaten bis und mit Zimt verquirlen und unter die Brotmasse mischen.

3 Backofen auf 200 °C vorheizen. Eiweiss mit dem Salz steif schlagen, samt den ganzen Stachelbeeren unter die Masse ziehen. In eine gebutterte Auflaufform füllen. Im unteren Bereich des Ofens ca. 30 Minuten backen.

Pro Portion ca. 17 g Eiweiss, 33 g Fett, 63 g Kohlenhydrate, 2572 kJ/615 kcal

TIPP Der Auflauf gelingt auch mit Trauben oder anderen Beeren. Bevor der Amerikanische Stachelbeer-Mehltau sich in Europa verbreitete, waren Stachelbeeren mit die beliebtesten Gartenbeeren. Inzwischen sind neue, robuste Sorten auf dem Markt. Eingekocht in Chutney, Marmelade, Grütze und Kompott oder in Gebäck oder Desserts aus dem Ofen kommt ihre angenehm säuerliche Süsse wirkungsvoll zur Geltung. Sie harmonieren auch mit fettreichem Fisch wie Makrelen und Geflügel wie Enten.

Plätzchen:
Zubereitungszeit ca. 30 Minuten
+ über Nacht quellen lassen
Beerenkompott:
Zubereitungszeit ca. 20 Minuten

Beerenkompott mit Sankt Galler Spitzen

ZUTATEN

für 4 Portionen Kompott, 40 Plätzchen

SANKT GALLER SPITZEN:

50 g Butter
70 g Roh-Rohrzucker
50 g Hirseflocken
1/4 unbehandelte Zitrone
1 EL helles Dinkelmehl
1 EL Ei, verquirlt
1 Prise Meersalz
1 Prise Kardamompulver

KOMPOTT:

400 g Beeren: Erdbeeren, Brombeeren, Johannisbeeren, Himbeeren
2 EL Roh-Rohrzucker
2 EL Wasser

1 Am Vortag: Für die «Spitzen» Butter schmelzen. Zucker und Hirseflocken dazugeben, gut mischen und zugedeckt über Nacht bei Zimmertemperatur quellen lassen.

2 Am Zubereitungstag: Zitronenschale abreiben, mit dem Mehl zur Flockenmasse geben. Ei, Salz und Kardamom verrühren, darunter mischen. Backofen auf 250 °C vorheizen.

3 Pro Blech von der Masse je 9 Häufchen von knapp 1/2 TL mit weitem Abstand auf Backpapier setzen. In der Ofenmitte ca. 2,5 Minuten backen, bis die Ränder etwas braun werden. Papier vom Blech ziehen, kurz stehen lassen, bis die Plätzchen etwas fest sind. Mit einem Spachtel lösen.

4 Erdbeeren vierteln, mit den anderen Beeren in eine Schüssel geben. Zucker und Wasser mit ca. 2 EL jeder Beerensorte aufkochen. Pürieren und durch ein Sieb streichen. Mit den restlichen Beeren mischen und bis zum Servieren kühl stellen.

Kompott mit den Sankt Galler Spitzen servieren.

Spitzen: pro Stück ca. <1 g Eiweiss, <1 g Fett, <1 g Kohlenhydrate, 23 kJ/5 kcal
kalorienarm
Kompott: pro Portion ca. 1 g Eiweiss, <1 g Fett, 10 g Kohlenhydrate, 202 kJ/48 kcal
kalorienarm, cholesterinfrei, glutenfrei, laktosefrei

TIPP Die noch ofenheissen Plätzchen können mit dem Rand eines umgekehrten Wasserglases in eine gleichmässig runde Form gebracht werden. Für das Kompott beliebige Beeren verwenden. Alfred Vogel war ein grosser Freund roher Beeren, da selbst die sauersten unter ihnen (ausser Preiselbeeren) basenüberschüssig, «leberfreundlich», vitamin- und mineralienreich sind. Diese Beeren enthalten ausserdem das wichtige Antioxidans Ellagsäure.

Beeren-Soufflé mit Beeren-Coulis

Zubereitungszeit ca. 25 Minuten
+ 35 Minuten garen

ZUTATEN

für 4 Portionen

50 g Butter
100 g Honig, flüssig
2 kleine Eier
100 g helles Dinkelmehl
1/2 TL Weinstein-Backpulver
25 g gemahlene Mandeln
150 g Heidelbeeren, Himbeeren oder andere Beeren
1 EL Roh-Rohrzucker
2 EL Wasser

Butter für die Förmchen

1 Butter und Honig im Wasserbad schmelzen. Eier darunter schlagen. Mehl und Backpulver gut mischen, mit den Mandeln beigeben. 50 g Beeren darunter mischen. 4 Souffléförmchen à 100 ml mit Butter ausstreichen, mit der Masse füllen.

2 Förmchen im Dampf (Dampfgarer bei 100 °C oder im Dämpfeinsatz eines Kochtopfs) 35 Minuten garen.

3 Für den Coulis restliche Beeren mit Zucker und Wasser aufkochen. Pürieren und durch ein Sieb streichen.

Soufflés heiss, lauwarm oder kalt mit dem Coulis servieren.

Pro Portion ca. 9 g Eiweiss, 17 g Fett, 44 g Kohlenhydrate, 1526 kJ/365 kcal

TIPP Ein Soufflé, das nicht zusammenfällt! Wer kein phosphatfreies Weinstein-Backpulver zur Hand hat, kann die gleiche Menge «normales» Backpulver verwenden.

Zubereitungszeit ca. 45 Minuten
+ 30 Minuten kochen
+ auskühlen lassen

Kürbis-Pudding

ZUTATEN
für 4 Portionen

300 g Kürbis, z.B. Muscade de Provence, geschält
1/2 Vanilleschote
50 g Roh-Rohrzucker
200 ml Wasser
1 Kardamomkapsel, aufgebrochen
2 TL schwarze Sesamsamen nach Belieben
300 ml Milch
100 grober Maisgriess «Bramata»
1 TL frischer Ingwer, gerieben

Butter für die Förmchen

1 Kürbis in 1 cm grosse Würfel schneiden. Vanilleschote längs halbieren, Samen herauskratzen. Zucker in einer weiten Chromstahlkasserolle bei mittlerer Hitze haselnussbraun karamellisieren, dabei erst rühren, wenn der Zucker schmilzt. Kasserolle vom Herd nehmen, mit dem Wasser ablöschen (Vorsicht: Die Masse ist sehr heiss!). Vanillesamen und -schote sowie Kardamom beigeben und bei kleiner Hitze so lange rühren, bis sich der Karamell vollständig aufgelöst hat.

2 Kürbiswürfel beigeben, zugedeckt 2–3 Minuten köcheln lassen, bis sie gar sind, aber noch Biss haben. Die Hälfte der Kürbiswürfel aus der Flüssigkeit heben, mit Sesamsamen mischen, zugedeckt beiseite stellen. Restlichen Kürbis zugedeckt weiterkochen, bis er zerfällt. Mit einer Gabel in der Pfanne zerdrücken. Vanilleschote und Kardamom entfernen.

3 Milch beigeben, aufkochen. Maisgriess einrieseln lassen, bei kleiner Hitze unter Rühren zu einem dicken Brei köcheln. Ingwer beigeben. 4 Förmchen à ca. 120 ml mit Butter ausstreichen, mit der Masse füllen. Zugedeckt auskühlen lassen. Bis zum Servieren kühl stellen.

4 Förmchen kurz in heisses Wasser tauchen, Pudding stürzen. Mit den vorbereiteten Kürbiswürfeln anrichten.

Pro Portion ca. 6 g Eiweiss, 6 g Fett, 39 g Kohlenhydrate, 976 kJ/233 kcal
glutenfrei

TIPP Der Pudding kann auch heiss als süsser Brei serviert werden. Da Kürbis ziemlich geschmacksneutral ist, tut ihm die brennende, frische Schärfe des Ingwers gut, die wärmend wirkt. Auch ist der ebenfalls wärmende Kardamom mit seiner leicht scharf-beissenden Note ein Gewürz, das sich bestens mit Kürbis verträgt, egal ob er süss oder pikant zubereitet wird. Mit dem Karamell wird das Geschmackserlebnis noch verstärkt.

Feigen-Tarte mit Cassis

Zubereitungszeit ca. 25 Minuten
+ 40 Minuten backen
+ auskühlen lassen

ZUTATEN

für eine Kuchenform von ca. 20 cm ∅
8 Stücke

1 Portion Vollkorn-Mürbeteig (siehe Seite 134)
25 g Haselnüsse, gemahlen
350 g frische Feigen (6 grosse oder 12 kleine)
50 g kandierter Ingwer
1/2 Zitrone
100 ml Weisswein oder weisser, moussierender Traubensaft
100 ml Cassislikör oder -sirup
1/4 TL Zimtpulver
2 EL Roh-Rohrzucker

Puderzucker nach Belieben

1 Kuchenform mit dem ausgewallten Teig auslegen, einen Rand formen. Teigboden mit einer Gabel einstechen. Mit den Haselnüssen bestreuen. Feigen vierteln, darauf verteilen. Backofen auf 180 °C vorheizen.

2 Ingwer hacken. Zitrone auspressen. Beides mit Weisswein, Cassislikör, Zimt und Zucker erhitzen, auf ein Drittel einkochen lassen. Über die Feigen giessen. In der Ofenmitte 35–40 Minuten backen.

Auskühlen lassen und nach Belieben mit Puderzucker bestreuen.

Pro Stück ca. 5 g Eiweiss, 11 g Fett, 35 g Kohlenhydrate, 1060 kJ/253 kcal

TIPP Diese Tarte ist eine Sünde wert, so gut schmeckt sie. Doch sie enthält mit Feigen, Nüssen, Ingwer und Cassis sehr gesunde Zutaten. Der Alkohol verflüchtigt sich beim Kochen und Backen. Bei Verwendung von Cassissirup den Zucker weglassen.

Birnen-Mandel-Torte mit Sanddorn

Zubereitungszeit ca. 35 Minuten
+ 50 Minuten backen
+ auskühlen lassen

ZUTATEN

für eine Springform von ca. 20 cm ⌀
8 Stücke

100 g Butter, weich
100 g Roh-Rohrzucker
1 TL Bourbon-Vanillezucker
3 Eigelb
125 g Buchweizenmehl
75 g Mandeln, gemahlen
1,5 TL Weinstein-Backpulver
1/2 TL Zimtpulver
1 grosse Birne
3 Eiweiss
1 Prise Meersalz

FÜLLUNG:
150 ml Vollrahm (Sahne)
75 g Sanddornmark

Butter für die Form

1 Butter mit 50 g Zucker und Vanillezucker schaumig rühren. Eigelb nacheinander darunter rühren. Mehl, Mandeln, Backpulver und Zimt gut mischen, beigeben, kurz weiterrühren.

2 Form mit Butter ausstreichen. Backofen auf 180 °C vorheizen. Birne schälen, auf der Röstiraffel grob reiben und unter den Teig mischen. Eiweiss mit Salz halb steif schlagen, restlichen Zucker einrieseln lassen und weiterschlagen, bis die Masse steif ist. Sorgfältig unter die Teigmasse ziehen. In die Form füllen und glatt streichen. In der Ofenmitte 45–50 Minuten backen. Auskühlen lassen.

3 Für die Füllung Rahm steif schlagen. Die Hälfte des Sanddornmarks darunter mischen. Die Torte quer halbieren, mit dem Sanddornrahm füllen. Oberfläche mit dem restlichen Sanddornmark bestreichen.

Nach Belieben mit gekochten Birnenhälften garnieren.

Pro Stück ca. 7 g Eiweiss, 25 g Fett, 33 g Kohlenhydrate, 1615 kJ/386 kcal
glutenfrei

TIPP Die Torte kann man am Vortag backen, jedoch erst kurz vor dem Servieren füllen. Wer kein phosphatfreies Weinstein-Backpulver zur Hand hat, kann die gleiche Menge «normales» Backpulver verwenden. Dank des kalt gerührten Sanddornmarks enthält die Torte viel Vitamin C und ist in der Kombination mit Mandeln, Buchweizen und Birne angenehm rund und frisch im Geschmack.

Zubereitungszeit ca. 20 Minuten
+ 15 Minuten backen
+ auskühlen lassen

Dattel-Mokka-Törtchen

ZUTATEN

für 4 Kuchenförmchen von ca. 10 cm ⌀

1 Portion Vollkorn-Mürbeteig (siehe Seite 134)
50 g Baumnüsse (Walnüsse)
150 g getrocknete Datteln, entsteint
50 g getrocknete Aprikosen, ungeschwefelt
100 g Mascarpone
50 ml Rahm (Sahne)
2 TL Bambu® Instant
1/2 TL Zimtpulver
1 TL Bourbon-Vanillezucker
Puderzucker nach Belieben

1 Kuchenförmchen mit dem ausgewallten Teig auslegen, einen Rand formen. Teigboden mit einer Gabel einstechen. Baumnüsse grob hacken, Datteln und Aprikosen in kleine Würfel schneiden. Backofen auf 180 °C vorheizen.

2 Mascarpone mit Rahm, Bambu, Zimt und Vanillezucker verrühren, Nüsse und Früchte darunter mischen. Masse auf dem Teig verteilen. In der Ofenmitte ca. 15 Minuten backen.

Nach Belieben mit Puderzucker bestreuen.

Pro Stück ca. 13 g Eiweiss, 38 g Fett, 83 g Kohlenhydrate, 3021 kJ/722 kcal

TIPP Diese Törtchen sind Kraftnahrung für Leistungssportler. Sie liefern schnell verfügbare, lang anhaltende Energie; insbesondere die Datteln, aber auch die Aprikosen enthalten sehr viel gesunden Fruchtzucker. Frische Datteln sind kalorienärmer und lange nicht so süss wie getrocknete. Sie haben oft eine relativ harte Haut, die man leicht abziehen kann, und halten bis zu drei Tagen, wenn sie kühl gelagert werden.

Zubereitungszeit ca. 30 Minuten
+ 20 Minuten einweichen
+ 40 Minuten backen
+ auskühlen lassen

Apfelkuchen mit Olivenöl

ZUTATEN

für eine Springform von ca. 20 cm ⌀
8 Stücke

60 g Sultaninen
75 ml Olivenöl
1 EL Wasser, heiss
100 g Roh-Rohrzucker
1 Prise Meersalz
1 grosses Ei
250 g säuerliche Äpfel
1/2 unbehandelte Zitrone
175 g Vollkornmehl
1/2 TL Zimtpulver
1,5 TL Weinstein-Backpulver

Puderzucker nach Belieben

1 Sultaninen in warmem Wasser ca. 20 Minuten einweichen. Öl, Wasser, Zucker und Salz rühren, bis sich der Zucker etwas aufgelöst hat. Ei beigeben, so lange schaumig schlagen, bis die Masse hell und dicklich ist. Einen Apfel schälen, Kerngehäuse entfernen. Apfel und Zitronenschale fein zur Masse reiben. Mehl, Zimt und Backpulver gut mischen. Esslöffelweise zur Eiermasse geben und zu einem zähen Teig zusammenfügen.

2 Backofen auf 180 °C vorheizen. Restliche Äpfel mit der Schale grob reiben. Mit den abgetropften Sultaninen unter den Teig mischen. Springform einölen, Teig einfüllen und glatt streichen. In der Ofenmitte 30–40 Minuten backen.

3 Den ausgekühlten Kuchen nach Belieben mit Puderzucker bestreuen.

Pro Stück ca. 4 g Eiweiss, 11 g Fett,
36 g Kohlenhydrate, 1087 kJ/260 kcal
laktosefrei

TIPP Am besten schmeckt der Kuchen 2–3 Tage nach dem Backen.
In der Regel kann Butter in Backrezepten sehr gut durch Öl und wenig Wasser ersetzt werden. Neben Olivenöl ist auch Rapsöl zum Backen geeignet, es zeichnet sich durch einen neutralen Geschmack und einen niedrigen Cholesteringehalt aus.
Wer kein phosphatfreies Weinstein-Backpulver zur Hand hat, kann die gleiche Menge «normales» Backpulver verwenden.

Südsee-Müesli mit Papaya

Zubereitungszeit ca. 10 Minuten
+ 10 Minuten quellen lassen

ZUTATEN

für 4 Portionen zum Frühstück oder als Zwischenmahlzeit

1 kleine, sehr reife Papaya, ca. 250 g
1 Banane
150 ml Wasser
200 g Müesli-Mischung, z.B. A.Vogel Vollwert-Müesli
200 ml Kokosmilch
2 EL Bambu® Vanille
1 EL Honig, flüssig
4 Passionsfrüchte oder Grenadillen

1 Papaya entkernen, schälen. Eine Hälfte und die Banane mit einer Gabel zerdrücken, mit dem Wasser zu den Müesliflocken geben, mischen. 10 Minuten quellen lassen.

2 Kokosmilch mit Bambu Vanille und Honig verquirlen, dazugeben. Restliche Papayahälfte in Scheibchen schneiden, Passionsfrüchte halbieren, geleeartiges Fruchtfleisch samt Samen herauslöffeln. Alles mischen.

Pro Portion ca. 7 g Eiweiss, 12 g Fett, 51 g Kohlenhydrate, 1427 kJ/341 kcal
cholesterinfrei

TIPP Müesliflocken sollte man immer mit Wasser quellen lassen, bevor Milchprodukte beigegeben werden, da letztere das Aufschliessen von Getreide verhindern. Wenn man anstelle von Kokosmilch z.B. Joghurt verwendet, sollte man die Passionsfrüchte separat essen, da sie in Kombination mit Milchprodukten bitter schmecken.
Das A.Vogel Müesli hat den Vorteil, dass es ein vollwertiges Fünfflockenmüesli ohne Kristallzucker ist. Für die Süsse sorgen Durian-Milchzucker, Rosinen, Apfelstückchen und Mandeln.

Zubereitungszeit ca. 30 Minuten
+ über Nacht quellen lassen
+ 25 Minuten backen
+ auskühlen lassen

Müesli-Riegel

ZUTATEN

für ca. 30 Riegel

100 g getrocknete Aprikosen, ungeschwefelt
50 g getrocknete Datteln, entsteint, oder getrocknete Bananen
1 EL Biocarottin Instant
50 g Roh-Rohrzucker
1/2 TL Zimtpulver
1 Prise Salz
200 ml Wasser, lauwarm
30 g Mandelstifte
30 g Pinienkerne
30 g Sonnenblumenkerne
30 g Kürbiskerne
30 g Sesamsamen
80 g Butter
250 g Müesli-Mischung, z.B. A.Vogel Vollwert-Müesli

1 Am Vortag: Aprikosen und Datteln würfeln. Biocarottin, Zucker, Zimt und Salz im Wasser auflösen. Früchte beigeben, mischen. Zugedeckt über Nacht quellen lassen.

2 Fruchtmasse nicht zu fein pürieren. Mandeln, Kerne und Samen in einer beschichteten Bratpfanne ohne Fett leicht rösten. Vom Herd nehmen, Butter beigeben, schmelzen. Fruchtpüree und Müesliflocken dazugeben, alles gut mischen.

3 Backofen auf 180 °C vorheizen. Ein Blech von 30 x 35 cm mit Backpapier belegen. Die Masse gleichmässig darauf verteilten, glatt streichen. In der Ofenmitte 20–25 Minuten goldbraun backen. Im Blech auskühlen lassen.

4 Masse stürzen, Backpapier abziehen. In Riegel von ca. 3 x 10 cm schneiden.

Pro 100 g ca. 9 g Eiweiss, 22 g Fett, 46 g Kohlenhydrate, 1741 kJ/416 kcal

TIPP Vitamine, Vitamine, Vitamine! Ein Energielieferant par excellence: Pausensnack für Jung und Alt, Kraftnahrung für Sportler, Hirnnahrung im Prüfungs-, Schul- und Berufsstress. Zwischen Backpapier in Dosen luftdicht verpackt, halten sich die Riegel etwa 4 Wochen.

Getränke

GEMÜSESÄFTE Nach Alfred Vogel kann man den gesundheitlichen Nutzen von rohen, vitamin- und mineralienreichen Gemüsesäften, die die Abwehrkräfte stärken und vor Krebs schützen sollen, gar nicht hoch genug einschätzen. Milchsauer vergorene Gemüsesäfte tun ausserdem das Ihre für eine ausgeglichene Darmflora. Gemüsesäfte sind insgesamt kalorienärmer und leichter zu verdauen als Fruchtsäfte, sie eignen sich bestens für einen Fastentag und schmecken exzellent, sofern man ein Gespür für süchtig machende Kombinationen hat. Fenchel, Apfel und Zitrone ist beispielsweise solch ein Trio, das nach mehr schmeckt, oder Rote Bete und Orange. Zu Alfred Vogels Spitzenreitern gehören Rote Bete, Karotte und Sauerkraut: Roher Sauerkrautsaft ist ein ausgezeichneter Kalziumlieferant, Karottensaft enthält sehr viel natürliches Carotin, und Rote-Bete-Saft liefert Eisen und regt Leber und Galle an. In Verbindung mit Orangensaft schmeckt er weniger erdig. Selleriesaft ist besonders basenüberschüssig, regt die Ausscheidung an und vitalisiert. Der besseren Wirkung wegen trinkt man ihn nicht kalt. Ausserdem sollen Tomaten- und Karottensaft vor Hautalterung schützen.

Am besten bereitet man Gemüsesäfte selbst aus frischem, nicht geschältem Gemüse mit Hilfe eines guten Entsafters mit Zentrifugalkraft zu. So erhalten Sie am meisten Ballast- und garantiert keine Zusatzstoffe. In dunkle Flaschen abgefüllt, sind die Säfte drei Tage im Kühlschrank haltbar. Man kann sie auch einfrieren.

KRÄUTERTEE schmeckt am besten aus eigener Ernte bzw. Sammlung. Es macht Sinn, an warmen Sommertagen Teekräuter und Blüten wie Melisse, Minze, Verbene, Salbei, Kamille, Goldmelisse, Malve, Fenchelsamen, Rosenblütenblätter, Lavendel und vieles andere mehr zu ernten und gut belüftet zu trocknen, um für die restliche Jahreszeit mit eigenen Teemischungen für die verschiedensten Bedürfnisse gewappnet zu sein. Wer dazu keine Gelegenheit hat, kann sich auf dem Markt frische oder in der Drogerie getrocknete Kräuter besorgen. Von frischen Kräutern braucht man nur etwa die Hälfte der Menge des getrockneten Krauts.

Grundrezept Genusstee: Eine der Lieblingskräutermischungen von Alfred Vogel ist der wohlschmeckende wie anregende «Genusstee». Er besteht aus getrockneten Blättern von Zitronenmelisse, Pfefferminze, Himbeere, Brombeere und Gartenerdbeere, aus kleinen Anteilen Waldmeisterkraut sowie blauen Malvenblüten und Kornblumen für die Farbe. Pro Tasse übergiesst man einen Teelöffel der Kräutermischung mit heissem, nicht mehr kochendem Wasser und lässt sie 10 Minuten ziehen. So bereitet man auch andere Kräutertees zu.

WILDFRÜCHTE Wilde einheimische Beeren und Früchte zählen zu den vitaminreichsten Lebensmitteln. So etwa Hagebutten und Sanddorn, die nach der tropischen Acerolakirsche den höchsten Anteil an Vitamin C überhaupt besitzen. Die Herstellung von kalt gerührtem Hagebuttenmark, in dem am meisten Vitamine erhalten bleiben, ist so aufwändig, dass es sich für den Hausgebrauch nicht lohnt. Den Brotaufstrich findet man im Reformhaus oder auf dem Markt. Man kann ihn u.a. auch für Schmorbraten, Wildgerichte, Fruchtsaucen, pikante Pasteten oder süss-säuerliches Gebäck verwenden. Auch das Trocknen von Hagebutten mit Kernen und Fruchtfleisch ist mühsam. Sanddorn steckt ebenfalls voller Vitamine,

vor allem C, E, Beta Carotin und Fettsäuren. Er stärkt das Immunsystem und schützt vor Krebs. Die Beeren isst man nicht pur, sondern stellt daraus ein Mus her. Dies lässt sich leicht zubereiten: Man quetscht oder püriert die Beeren, streicht sie durch ein Sieb und süsst nach Belieben mit Honig. Im Kühlschrank ist es zwei bis vier Wochen haltbar. Auch Holunder- und Wacholderbeeren, Schlehen, Ebereschen, Weissdorn und andere Wildfrüchte kann man nicht nur zu heilkundlichen Zwecken nutzen, sie haben auch kulinarisch einiges zu bieten.

NÜSSE UND TROCKENFRÜCHTE Keine Angst vor Nüssen! Mit Ausnahme der Kokosnuss sind sie zwar sehr fettreich, aber gerade ihr hoher Anteil an einfach und mehrfach ungesättigten Fettsäuren macht sie so gesund, denn diese sorgen für einen ausgeglichenen Cholesterinspiegel und helfen sogar, ihn zu senken. Dazu liefern Nüsse ausserordentlich viel hochwertiges Eiweiss und erweisen sich dank ihrer Vitamine und Vitalstoffe als effiziente Hirn- und Nervennahrung. Cashewnüsse und Mandeln sind besonders gut verträglich, weshalb sie auch als Heilnahrung für Kleinkinder und Rekonvaleszente eine Rolle spielen. Mandelmilch ist fast so kalziumreich wie Kuhmilch. Apropos «Milch»: Die Kokosnuss enthält im Innern eine wässrige, sehr nahrhafte, sterile, traubenzucker- und mineralienhaltige Flüssigkeit, die man beim Öffnen der Nuss auf keinen Fall wegschütten, sondern trinken sollte. Kokosmilch, wie sie für viele asiatische Gerichte unerlässlich ist, kann man selbst herstellen, indem man weisses Kokosfleisch mit derselben Menge warmem Wasser püriert und durch ein Passiertuch auspresst. Der Geschmack ist herrlich frisch und intensiv.

Nüsse bieten sich auch als ideale, nachhaltige (Zwischen-)Verpflegung bei körperlicher Anstrengung an. Sie spenden Kraft und Energie wie kaum ein anderes Lebensmittel. Am besten entfaltet Nusseiweiss in Verbindung mit Getreide und Hülsenfrüchten seine Wirkung. An Aroma gewinnen Nüsse, wenn man sie kurz vor dem Verzehr in einer Pfanne ohne Fett bei milder Hitze röstet. Nach Belieben würzt man sie mit Salz, Kräutersalz, Cayennepfeffer oder Paprikapulver.

Trockenfrüchte, allen voran Datteln und Feigen, geizen ebenfalls nicht mit Vorzügen. Auch sie sind sehr nahrhaft aufgrund hoher Mengen an leicht verdaulichem Zucker, Eiweiss, Vitaminen und Mineralstoffen. Beide schmecken auch in salzigen und warmen Zubereitungen köstlich. Getrocknete Datteln, Feigen und andere Trockenfrüchte besitzen mehr Kalorien als frische.

Feigen bilden einen Bestandteil von Bambu, A.Vogels löslichem Früchte- und Getreidekaffee. Das kaffeebohnenfreie Getränk ist Natur pur: Es besteht ausserdem aus gerösteten Zichorien, Weizen, gemälzter Gerste und Eicheln und enthält natürliche Kieselsäure. Es gibt Bambu auch in den Geschmacksrichtungen Vanille und Kakao sowie als Frappé.

Zwei pikante Lassi

Zubereitungszeit je ca. 10 Minuten

ZUTATEN

für je 4 Gläser à ca. 200 ml

SPROSSEN-LASSI:

200 g Tomaten
50 g Nüsslisalat (Feldsalat)
50 g Sprossenmischung: z.B. Alfalfa, Kresse, Radieschen, Rotklee (siehe Tipp)
200 ml Wasser
360 g Joghurt nature (siehe Tipp)
Kelpamare® Pflanzenwürze oder Sojasauce
1 TL Trocomare®

MANGO-LASSI:

1 reife Mango, ca. 350 g
360 g Joghurt nature (siehe Tipp)
1–2 TL Currypulver, scharf
200 ml Wasser

Sprossen-Lassi: Tomaten würfeln. Nüsslisalat grob hacken. Mit Sprossen und Wasser pürieren. Joghurt darunter mischen, pikant abschmecken.

Mango-Lassi: Mango schälen, Fruchtfleisch in kleinen Stücken vom Kern schneiden (ca. 220 g). Mit den restlichen Zutaten pürieren.

Sprossen-Lassi: pro Glas ca. 5 g Eiweiss, 4 g Fett, 6 g Kohlenhydrate, 318 kJ/76 kcal
kalorienarm, glutenfrei
Mango-Lassi: pro Glas ca. 4 g Eiweiss, 4 g Fett, 12 g Kohlenhydrate, 408 kJ/98 kcal
glutenfrei

TIPP Lassis sind erfrischende, kühlende und gesunde Durstlöscher aus der ayurvedischen Küche. Man bereitet sie salzig oder süss auf der Basis von Joghurt zu, den man nach Belieben mit Wasser und jeweils 200–250 g Fruchtfleisch oder Gemüse püriert. Die Sprossen kann man aus A.Vogel BioSnacky Keimsamen selber ziehen, Joghurt mit A.Vogel Vital-Ferment «Creme-Joghurt» selbst herstellen.

Drei Powerdrinks

Zubereitungszeit je ca. 5 Minuten

ZUTATEN

für je 4 Gläser à ca. 200 ml

GREENPOWER:

4 grosse Orangen, geschält
400 g Stangensellerie, in Stücken
4 Stängel Zitronengras, ganz
1/2 Banane

BEERENPOWER:

400 ml Karottensaft
300 ml Ananassaft
200 g Erdbeeren
1 EL Molkosan® Vitality

MINZEPOWER:

200 ml Birnen- oder Apfelsaft
200 ml Aprikosennektar
1 EL Molkosan® Vitality
400 ml Pfefferminztee, kalt

Greenpower: Alle Zutaten in einem Entsafter verarbeiten.

Beerenpower: Alle Zutaten mixen.

Minzepower: Alle Zutaten mischen.

Greenpower: pro Glas ca. 2 g Eiweiss, <1 g Fett, 24 g Kohlenhydrate, 461 kJ/110 kcal
Beerenpower: pro Glas ca. 2 g Eiweiss, <1 g Fett, 20 g Kohlenhydrate, 383 kJ/92 kcal
Minzepower: pro Glas ca. <1 g Eiweiss, 0 g Fett, 14 g Kohlenhydrate, 256 kJ/61 kcal
cholesterinfrei, glutenfrei, laktosefrei

TIPP Weitere vitaminreiche Drinks entstehen im Entsafter aus einer Kombination von Apfel, Gartengurke, Fenchel und Sprossen oder aus Tomate, Peperoni (Gemüsepaprika), Karotte und Petersilie.

Sanddorn- und Bananen-Smoothie

Zubereitungszeit je ca. 5 Minuten

ZUTATEN

für je 4 Gläser à ca. 200 ml

SANDDORN-SMOOTHIE:

360 g Kefir (siehe Tipp)
100 g Sanddornmark
2 EL Honig, flüssig
2 EL Bambu® Kakao
300 ml Wasser, kalt
4 Zweige Melisse, zum Garnieren

BANANEN-SMOOTHIE:

2 Bananen, ca. 240 g
60 g getrocknete Datteln, entsteint
1 EL Kokosraspel
300 ml Kokosmilch
1/4 TL Zimtpulver
200 ml Wasser, kalt

Sanddorn-Smoothie: Alle Zutaten mischen, in Gläser füllen und mit Melisse garnieren.

Bananen-Smoothie: Banane und Datteln klein schneiden, mit Kokosraspel, -milch und Zimt fein pürieren. Mit Wasser verdünnen.

Sanddorn-Smoothie: pro Glas ca. 4 g Eiweiss, 3 g Fett, 30 g Kohlenhydrate, 720 kJ/172 kcal
Bananen-Smoothie: pro Glas ca. 3 g Eiweiss, 15 g Fett, 28 g Kohlenhydrate, 1055 kJ/252 kcal
cholesterinfrei, glutenfrei, laktosefrei

TIPP Für Smoothies eignen sich fast alle Früchte und Beeren, aber auch Gemüse. Diese werden entweder nur mit Wasser oder Eiswürfeln oder zusätzlich mit milchartigen Produkten fein püriert und dadurch geschmeidig-samtig, eben «smooth».
Kefir kann man aus A.Vogel Vital-Ferment leicht selbst herstellen.

Zubereitungszeit ca. 10 Minuten
+ über Nacht ansetzen
+ 10 Minuten ziehen lassen
+ auskühlen lassen

Roter Eistee

ZUTATEN

für 1,5 Liter

KONZENTRAT:

25 g Hagebutten, getrocknet
(Fruchtfleisch und Kerne)
1 EL Karkadeblüten (Hibiskusblüten), getrocknet
750 ml Wasser
2 Kardamomkapseln, aufgebrochen
1/4 Zimtstange
1 EL frischer Ingwer, gehackt
1/2 Zitrone
75 g Roh-Rohrzucker
25 g Honig, flüssig

750 ml Wasser, eiskalt

1 Am Vortag: Hagebutten und Karkadeblüten im Wasser über Nacht kalt ansetzen.

2 Am Zubereitungstag: Hagebutten und Karkadeblüten abseihen, Flüssigkeit auffangen. Kardamom, Zimt und Ingwer zu den Früchten und Blüten geben. Abgeseihte Flüssigkeit aufkochen, über Hagebutten und Gewürze giessen, 10 Minuten ziehen lassen. Zitrone auspressen, Saft beigeben, abseihen. Mit Zucker und Honig süssen. Auskühlen lassen, kühl stellen.

3 Zum Servieren das Konzentrat mit der selben Menge kaltem Wasser verdünnen, Eiswürfel beigeben und mit Zitronenscheiben garnieren.

Pro 100 ml fertiges Getränk ca. <1 g Eiweiss, 0 g Fett, 7 g Kohlenhydrate, 120 kJ/29 kcal
kalorienarm, cholesterinfrei, glutenfrei, laktosefrei

TIPP Die Verwendung der Kerne im Hagebuttentee neutralisiert die Säure des Fruchtfleisches. Dank Ingwer, Zimt, Kardamom u.a. wärmt der erfrischend-würzige Tee auch kalt von innen heraus. Für eine zuckerfreie Variante das Konzentrat statt mit Zucker und Honig mit Steviablättern süssen. Hibiskus- bzw. Karkadeblüten sowie Steviablätter bekommt man im gut sortierten Lebensmittelhandel oder in der Drogerie.

Chili-Schokolade:
Zubereitungszeit ca. 10 Minuten
+ 10 Minuten ziehen lassen
Soja-Bananen-Milch:
Zubereitungszeit ca. 5 Minuten

Chili-Schokolade Soja-Bananen-Milch

ZUTATEN

für je 4 Tassen à ca. 150 ml

CHILI-SCHOKOLADE:

1/2 Vanilleschote
500 ml Milch
1 rote Chilischote
1/2 Zimtstange
1 Kardamomkapsel, aufgebrochen
100 g Zartbitterschokolade, Kakaoanteil mindestens 70%
1 TL Bambu® Instant
1 EL Honig, flüssig

SOJA-BANANEN-MILCH:

1 Banane
500 ml Sojamilch nature
1 EL Bambu® Kakao
2 EL Biocarottin Instant
1 EL Honig, flüssig

Chili-Schokolade: Vanilleschote längs halbieren, Samen herauskratzen, beides zur Milch geben. Chili längs halbieren, entkernen, mit Zimt und Kardamom beigeben. Erhitzen, zugedeckt 10 Minuten ziehen lassen. In einen anderen Kochtopf abseihen. Schokolade zerbröckeln, mit Bambu zur aromatisierten Milch geben. Langsam unter Rühren erhitzen, bis die Schokolade geschmolzen ist. Mit Honig süssen. Heiss geniessen.

Soja-Bananen-Milch: Alle Zutaten mixen. Nach Belieben erhitzen oder kalt servieren.

Chili-Schokolade: pro Tasse ca. 6 g Eiweiss, 12 g Fett, 25 g Kohlenhydrate, 964 kJ/230 kcal
Soja-Bananen-Milch: pro Tasse ca. 20 g Eiweiss, 13 g Fett, 17 g Kohlenhydrate, 1093 kJ/261 kcal
cholesterinfrei, glutenfrei

TIPP «Hochprozentige», dunkle Bitterschokolade – mit hohem Kakaoanteil, ohne Zucker und Milch – ist Medizin in Geniesserqualität: Sie schützt vor Herzkrankheiten, senkt den Blutdruck, kuriert chronischen Husten und schlägt nicht auf die Figur.
Sojamilch ist die Alternative bei Kuhmilch-Unverträglichkeit.

Register

"Freue dich am
Essen und sei dafür
besorgt, dass deine
Nahrung natürlich
und schmackhaft ist."

Alfred Vogel, «Der kleine Doktor»

Herbamare® Original

Meersalz mit Gemüse und Kräutern

Herbamare® auf Basis von Meersalz wird aus 12 erntefrischen Gemüsesorten und Kräutern aus kontrolliert biologischem Anbau hergestellt, angereichert mit der jodhaltigen Meeresalge Kelp. Die frischen Zutaten werden mit dem Meersalz verarbeitet und unter Vakuum aromaschonend getrocknet.

Anwendung

Das milde Herbamare® verwendet man anstelle von Salz zum Würzen von Salatsaucen, Gemüse-, Getreide- und Kartoffelgerichten sowie für Suppen, Saucen, Eier, Quark usw.

Nicht als Diätsalz geeignet.

Zutaten

Meersalz 94 %, Gemüse und Kräuter 6 % (Sellerie*, Lauch*, Kresse*, Zwiebeln*, Schnittlauch*, Petersilie*, Liebstöckel*, Knoblauch*, Basilikum*, Majoran*, Rosmarin*, Thymian*), Meeresalge Kelp.

Nährwerte

100 g Herbamare® enthalten:
Energiewert: 90 kJ (22 kcal), Eiweiss: 0,5 g
Kohlenhydrate: 4,5 g, Fett: <0,5 g

Packungsgrössen

- Tischstreuer 90 g (nur in CH)
- 125 g Dose (nur in D)
- 250 g Dose
- 500 g Dose
- 1'000 g Nachfülldose (nur in CH)

Herbamare® Spicy

Meersalz mit Gemüse und Kräutern

Herbamare® Spicy wird aus Meersalz und erntefrischen Gemüsesorten und Kräutern aus kontrolliert biologischem Anbau hergestellt, angereichert mit der jodhaltigen Meeresalge Kelp. Die frischen Zutaten werden mit dem Salz verarbeitet und unter Vakuum aromaschonend getrocknet. Herbamare® Spicy enthält im Unterschied zu Herbamare® zusätzlich Chili und Pfeffer.

Anwendung

Das scharfe Herbamare® Spicy eignet sich für alle pikanten und scharfen Gerichte: Fleischgerichte zum Grillieren, mexikanische Gerichte, Pasta, Pizza, Lasagne und vieles mehr.

Nicht als Diätsalz geeignet.

Zutaten

Meersalz 90 %, Gemüse, Kräuter und Gewürze 10 % (Sellerie*, Lauch*, Kresse*, Zwiebeln*, Schnittlauch*, Chili, Pfeffer, Petersilie*, Liebstöckel*, Knoblauch*, Basilikum*, Majoran*, Rosmarin*, Thymian*), Meeresalge Kelp.

Nährwerte

100 g Herbamare® Spicy enthalten:
Energiewert: 140 kJ (33 kcal), Eiweiss: 1,0 g,
Kohlenhydrate: 7,0 g, Fett: <0,5 g

Erhältlich in Packungen zu 125 g und 250 g (nur in CH).

*aus kontrolliert biologischem Anbau

Trocomare®

Meersalz mit Gemüse und Kräutern

Trocomare® auf Basis von Meersalz wird aus 14 verschiedenen Gemüsesorten und Kräutern aus kontrolliert biologischem Anbau hergestellt, angereichert mit der jodhaltigen Meeresalge Kelp. Die frischen Zutaten werden mit dem Salz verarbeitet und unter Vakuum aromaschonend getrocknet.

Trocomare® enthält im Unterschied zu Herbamare® zusätzlich Meerrettich und Paprika.

Anwendung

Das rassige Trocomare® verwendet man zum Würzen von Gemüse-, Getreide- und Kartoffelgerichten usw.

Nicht als Diätsalz geeignet.

Zutaten

Meersalz 94%, Gemüse und Kräuter 6% (Sellerie*, Lauch*, Kresse*, Zwiebeln*, Schnittlauch*, Petersilie*, Liebstöckel*, Paprika*, Knoblauch*, Meerrettich*, Basilikum*, Majoran*, Rosmarin*, Thymian*), Meeresalge Kelp.

Nährwerte

100 g Trocomare® enthalten:
Energiewert: 90 kJ (22 kcal), Eiweiss: 0,5 g,
Kohlenhydrate: 4,5 g, Fett: <0,5 g

Packungsgrössen

- Tischstreuer 90 g (nur in CH)
- 125 g Dose (nur in D)
- 250 g Dose
- 500 g Dose
- 1'000 g Nachfülldose (nur in CH)

Aromaforce®

Gewürzzubereitung

Aromaforce® wird hergestellt aus Meersalz, erntefrischen Gemüsesorten und Gewürzkräutern, Hefe und Molkepulver, angereichert mit der jodhaltigen Meeresalge Kelp. Durch die Verwendung ausgewählter Rohstoffe konnte der Salzgehalt von Aromaforce® auf ca. 49% gesenkt werden. Das Gemüse und die Gewürzkräuter stammen alle aus kontrolliert biologischem Anbau (Bio Suisse).

Anwendung

Für alle Speisen, bei denen ein niedriger Salzgehalt erwünscht ist – ohne Glutamat.

In der Schweiz erhältlich im Lebensmittelhandel, in Reformhäusern, Drogerien und zum Teil auch in Apotheken. In Deutschland erhältlich in Reformhäusern und Naturkostgeschäften.

Zutaten

Meersalz 49%, Molkenpulver, Hefe, Gemüse und Kräuter (Kohl*, Sellerie*, Lauch*, Kresse*, Zwiebeln*, Schnittlauch*, Petersilie*, Liebstöckel*, Knoblauch*, Basilikum*, Majoran*, Rosmarin*, Thymian*), Meeresalge Kelp.

Nährwerte

100 g Aromaforce® enthalten:
Energiewert: 770 kJ (184 kcal), Eiweiss: 12 g,
Kohlenhydrate: 30 g, Fett: 1,5 g,
Enthält Lactose

Erhältlich in Packungen zu 80 g

Plantaforce®

Rein pflanzliches Suppen-Konzentrat mit Meersalz

Plantaforce® ist ein rein vegetabiles Suppen-Konzentrat für die Zubereitung von köstlich schmeckender Gemüsebrühe sowie von Suppen und Saucen. Auch zum Garen von Reis oder Teigwaren ist Plantaforce® bestens geeignet.

Glutenfrei, ohne Glutamatzusatz.

Zubereitung

1–2 Esslöffel oder 2 Würfel Plantaforce® mit 1 Liter Wasser überbrühen und gut verrühren.

Zutaten

Meersalz, pflanzliche Öle* (Palmöl*, Sonnenblumenöl*), Maltodextrin* (aus Mais), Hefeextrakt, Gemüse 1,6% (Petersilie*, Karotten*, Sellerie*, Lauch*, Zwiebeln*), Gemüseextrakt (Karotten*, Sellerie*, Lauch*, Zwiebeln*), Zichorienextrakt*, Gewürze (Liebstöckel*, Knoblauch*, Curcuma*, Macis*).

Nährwerte

100 ml fertige Suppe (= 2,2 g Plantaforce®) enthält:
Energiewert: 29 kJ (7 kcal), Eiweiss: 0,1 g,
Kohlenhydrate: 0,4 g, Fett: 0,6 g

Packungsgrössen:

- 250 g Dose
- 1'000 g Dose
- 8 x 11 g Würfel

Plantaforce® natriumarm

Pflanzliches Suppen-Konzentrat natriumarm

Plantaforce® natriumarm ist ein diätetisches vegetabiles Suppen-Konzentrat. Mit dem herrlichen Aroma von Gemüse und Gewürzkräutern kann Plantaforce® natriumarm für Suppen und als Saucengrundlage verwendet werden. Es ist ebenfalls bestens geeignet zum Garen von Reis oder Teigwaren.
Glutenfrei, ohne Glutamatzusatz.

Für eine natriumarme Diät geeignet.

Zubereitung

1–2 Esslöffel oder 2 Würfel Plantaforce® natriumarm mit 1 Liter Wasser überbrühen und gut verrühren.

Zutaten

Pflanzliche Öle* (Palmöl*, Sonnenblumenöl*), Hefeextrakt, Maltodextrin* (aus Mais), Gemüse 2,5% (Petersilie*, Zwiebeln*, Karotten*, Sellerie*, Lauch*), Gemüseextrakt (Karotten*, Sellerie*, Lauch*, Zwiebeln*), Zichorienextrakt*, Gewürze (Knoblauch*, Liebstöckel*, Curcuma*, Macis*), Säuerungsmittel: Zitronensäure.

Nährwerte

100 ml fertige Suppe (= 2,0 g Plantaforce® natriumarm) enthält:
Energiewert: 42 kJ (10 kcal), Eiweiss: 0,3 g,
Kohlenhydrate: 0,7 g, Fett: 0,7 g, Natrium: <0,1 g

Packungsgrössen:

- 200 g Dose
- 8 x 9,5 g Würfel

*aus kontrolliert biologischem Anbau

Kelpamare®

Pflanzliche Flüssigwürze

Kelpamare® ist eine rein pflanzliche Flüssigwürze, die zur Zubereitung von Saucen, Salaten, Suppen usw. verwendet wird.

Anwendung
Je nach Belieben den Speisen einige Tropfen beigeben.

In der Schweiz erhältlich im Lebensmittelhandel, in Reformhäusern, Drogerien und zum Teil auch in Apotheken. In Deutschland erhältlich in Reformhäusern und Naturkostgeschäften.

Zutaten
Speisewürze (Mais- und Sojaschrot), Sojasauce (Wasser, Soja, Weizen, Meersalz), Wasser, Kelpextrakt 0,1%, Gemüseextrakt (mit Sellerie), Bratzwiebel- und Gewürzextrakt.

Nährwerte
100 g Kelpamare® enthalten:
Energiewert: 304 kJ (73 kcal), Eiweiss: 13,6 g, Kohlenhydrate: 4,2 g, Fett: 0,0 g
Kochsalzgehalt: 17,2%

Aufbewahrung
Nach Anbruch kühl lagern.

Erhältlich in Dosierflasche zu 85 ml und Nachfüllflasche zu 500 ml.

Bambu® Instant

Früchte- und Getreidekaffee Instant

Bambu® ist ein aromatischer und volllöslicher Früchte- und Getreidekaffee-Extrakt aus kontrolliert biologischem Anbau. Bambu® enthält keine Kaffeebohnen und somit kein Koffein, er kann deshalb auch am Abend genossen werden, ohne den Schlaf zu beeinträchtigen. Bambu® ist der ideale Kaffee-Ersatz für nervlich überbeanspruchte Menschen oder Personen mit Magenproblemen oder Bluthochdruck. Auch für Kinder bestens geeignet.

Zubereitung
1 Teelöffel Bambu®, mit 200 ml heisser oder kalter Milch oder heissem Wasser angerührt, ergibt ein herrliches Getränk.

Tipp:
Mit Bambu® lassen sich auch köstliche Desserts zubereiten.

Zutaten
Extrakte aus gerösteten: Zichorien*, Feigen*, Weizen*, gemälzter Gerste*, Feigen*, Eicheln*.

Nährwerte
1 Tasse Bambu® (1,5 g mit Wasser angerührt) enthält:
Energiewert: 23 kJ (5 kcal), Eiweiss: <0,1 g, Kohlenhydrate: 1,3 g, Fett: <0,1 g

Packungsgrössen:
- 100 g Glas
- 200 g Glas
- 200 g Nachfüllbeutel

Bambu® Vanille Instant

Früchte- und Getreidekaffee mit Bourbon-Vanille

Bambu® Vanille ist ein Instantgetränk aus aromatischem Bambu® Früchte- und Getreidekaffee, verfeinert mit echter Bourbon-Vanille, ohne Vanillin. Das fein aromatische Heissgetränk eignet sich bestens für die ganze Familie. Von Natur aus ohne Koffein; schont Herz, Kreislauf und Nerven.

Zubereitung

1 gehäufter Teelöffel Bambu® Vanille auf 200 ml heisse Milch bzw. Wasser geben, gut umrühren und geniessen.

Tipp:

Bambu® Vanille kann für eine kuhmilchfreie Ernährung auch mit Soja-, Reis- oder Kokosmilch angerührt werden.

Zutaten

Extrakt aus gerösteten Zichorien*, Maissiruppulver*, Extrakte aus gerösteten: Weizen*, gemälzter Gerste*, Feigen*, Rohrohrzucker*, natürliches Vanillearoma, Bourbon-Vanille*, Extrakt aus gerösteten Eicheln*.

Nährwerte

1 Tasse Bambu® Vanille (2 g, mit Wasser angerührt) enthält:
Energiewert: 31 kJ (7 kcal), Eiweiss: <0,1 g, Kohlenhydrate: 2,0 g, Fett: <0,1 g

Erhältlich in Packungen zu 150 g.

Bambu® Kakao Instant

Früchte- und Getreidekaffee Instant mit Kakao

Bambu® Kakao ist ein Instantgetränk aus aromatischem Bambu® Früchte- und Getreidekaffee, verfeinert mit bestem Kakao. Diese Bambu® Varietät ist ein echter Genuss für die ganze Familie und ein ideales Frühstücksgetränk für jede Altersstufe.Von Natur aus ohne Koffein; schont Herz, Kreislauf und Nerven.

Zubereitung

3 gehäufte Teelöffel Bambu® Kakao mit 200 ml heisser oder kalter Milch bzw. Wasser gut umrühren und geniessen.

Tipp:

Bambu® Kakao kann für eine kuhmilchfreie Ernährung auch mit Soja-, Reis- oder Kokosmilch angerührt werden. Erhältlich in der CH in Reformhäusern, Drogerien und im Lebensmittelhandel. In D im Naturkosthandel und Reformhäusern.

Zutaten

Maissiruppulver*, Rohrohrzucker*, Kakaopulver* fettarm (16 %), Extrakte aus gerösteten: Zichorien*, Weizen*, gemälzter Gerste*, Feigen* und Eicheln*.

Nährwerte

1 Tasse Bambu® (6 g, mit Wasser angerührt) enthält:
Energiewert: 140 kJ (33 kcal), Eiweiss: <0,1 g, Kohlenhydrate: 8 g, Fett: <0,1 g

Erhältlich in Packungen zu 200 g.

*aus kontrolliert biologischem Anbau

Vollwert-Müesli

mit Milchzucker und Früchten

A.Vogels Vollwert-Müesli enthält eine ausgewogene Getreide-Mischung aus biologischem Vollgetreide und ist gesüsst mit Milchzucker, Apfelflocken, Sultaninen und der Tropenfrucht Durian.
Die mineralstoff- und vitaminreiche Durianfrucht lernte A.Vogel auf seinen Tropenreisen so schätzen, dass er sie in diese Rezeptur integrierte.

Zubereitung

Vollwert-Müesli kann mit Milch, Joghurt oder Rahm zubereitet werden. Zur Verfeinerung kann man frische Früchte der Saison verwenden. Das Vollwert Müesli ist als Frühstück, Zwischenmahlzeit oder leichtes Abendessen sehr geeignet.

Zutaten

Haferflocken*, Milchzucker* 13,5 %, Dinkelflocken*, Sultaninen* 10,5 %, Reis-*, Soja-*, Roggen-*, Gerstenflocken*, Kastanienflocken*, Mandeln gemahlen*, Hirseflocken*, Apfelflocken* 1 %, Durian 0,3 %.

Nährwerte

100 g Vollwert-Müesli enthalten:
Energiewert: 1'460 kJ (349 kcal), Eiweiss: 11 g,
Kohlenhydrate: 64 g, Fett: 5 g

wwFrhältlich in Packungen zu 375 g und 750 g.
Produkt nur in CH erhältlich.

A.Vogel Müesli

Vollwert-Müesli ohne Kristallzucker

A.Vogel Müesli liefert dem Körper mit dem Frühstück all jene Nährstoffe, die er für die Leistungen des Tages braucht. Die leicht gerösteten Reisflocken ergeben ein knuspriges Müesli. Es enthält keinen Kristallzucker, sondern die natürliche Süsse der mineralstoffreichen Tropenfrucht Durian. Die fruchtig-frische Note verdankt es Rosinen und Apfelstücken.

Zubereitung

A.Vogel Müesli wird mit Milch, Quark oder Joghurt angerührt und kann je nach Jahreszeit mit Beeren, geraffelten Äpfeln oder anderen Früchten angereichert werden.

In der Schweiz erhältlich im Lebensmittelhandel, in Reformhäusern, Drogerien und zum Teil auch in Apotheken. In Deutschland erhältlich in Reformhäusern und Naturkostgeschäften.

Zutaten

Weizen-*, Hafer-*, Roggenflocken*, Rosinen*, Gerstenflocken*, geröstete Naturreisflocken*, Apfelstücke*, geröstete Mandeln* und Durian-Milchzucker*-Granulat.

Nährwerte

100 g A.Vogel Müesli enthalten:
Energiewert: 1'440 kJ (344 kcal), Eiweiss: 8 g,
Kohlenhydrate: 66 g, Fett: 5 g

Erhältlich in Beuteln zu 500 g und 1'000 g.

*aus kontrolliert biologischem Anbau

Vital-Fermente Starterkulturen

Mit A.Vogel Vital-Fermenten können Lebensmittel einfach und natürlich fermentiert werden. Sie enthalten Milchsäurebakterien, auch Starterkulturen genannt, und als Nährmedium Dextrose. Diese Milchsäurebakterien bilden die nötigen Fermente und setzen damit den Säuerungsprozess der Milch in Gang zur Herstellung von Joghurt, Dickmilch, Kefir etc.

A.Vogel Vital-Fermente bedeuten Frische pur zum Selbermachen. Bei Milchprodukten ist die Frische für den ausgezeichneten Geschmack und die hochwertige Qualität besonders wichtig. Die enthaltenen Milchsäurebakterien sind dann für den Körper am wertvollsten.

Milchsäurebakterien sind keine neu geschaffenen Produkte, sondern lebende Organismen aus der Natur, die seit jeher für die Säuerung von Milch, Gemüse und Getreide eingesetzt werden.

Sie verbessern die Aufnahme von Calcium aus der Milch, den Abbau von Milchzucker, bereichern die Darmflora und unterstützen eine geregelte Verdauung.

A.Vogel Vital-Fermente enthalten eine Vielzahl unterschiedlicher Milchsäurebakterien, sind frei von Gentechnik und werden regelmässig von einem unabhängigen Institut kontrolliert.

Anwendung

Joghurt Natur
Stichfest, kräftiger Geschmack, Grundlage für die leichte Küche.

Joghurt L(+) (mit Lactobacillus acidophilus)
Stichfest bis locker, milder Geschmack, mit Lactobacillus acidophilus (leicht verdaulich und nicht belastend).

Joghurt Probiotic (mit Bifidobakterien)
Locker bis cremig, mit Bifidobakterien (BB536 – erreichen lebend den Darm und sind für ein optimales Darmklima verantwortlich).

Crème-Joghurt
Crèmig, sahniger Geschmack, ideal für Desserts, mit Lactobacillus acidophilus und Bifidobakterien (BB536).

Kefir
Cremig-flüssig, kräftiger, leicht prickelnder Geschmack, ideal für Mixgetränke.

Je Sorte 3 Sachets erhältlich.

Vital-Fermente Zubehör

Zur umweltfreundlichen Herstellung von Joghurt aus frischer Milch und A.Vogel Vital-Fermenten – ohne Strom. Mit einem verschliessbaren Glas für die hygienische Joghurtzubereitung und einem Wärme-Isolator für eine gleichbleibende Fermentations-Temperatur. Nicht notwendig für Dickmilch (Sauermilch) und Kefir.

Zubehör-Sortiment

- Joghurtbox/Joghurtglas mit Styropor-Thermobox
  Zum Ansetzen der Starterkulturen mit Milch, nicht notwendig für Sauermilch und Kefir.
- Ersatzglas für Joghurtbox.
- Thermometer (für Fermentationstemperatur)
  Erhältlich in der CH in Reformhäusern und Drogerien. In D in Reformhäusern und Naturkostgeschäften.

Biocarottin Instant

Karottensaft-Pulver

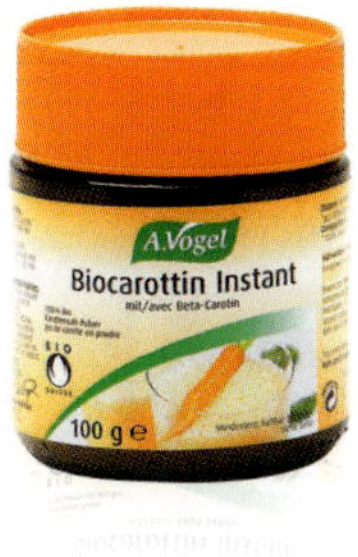

Die Belastung durch Umweltgifte und Schadstoffe bringt eine Reihe von Gefahren mit sich. Studien haben gezeigt, dass Personen, die wenig Beta-Carotin zu sich nehmen, ein erhöhtes Herzinfarkt- und Krebsrisiko aufweisen. Der Beta-Carotin-Bedarf wird durch augenbeanspruchende Tätigkeiten bis auf das Fünfzigfache erhöht. Karotten enthalten das fettlösliche Provitamin A (Beta-Carotin) in grösseren Mengen. Biocarottin Instant weist über 40 mg natürliches Beta-Carotin pro 100 g auf. Die gemäss Weltgesundheitsorganisation (WHO) empfohlene Tagesdosis beträgt 6 mg pro Tag.

Anwendung

2 Teelöffel (10 g) Biocarottin Instant pro Tag zusammen mit fetthaltigen Nahrungsmitteln einnehmen.

Zutaten

Karottensaft-Pulver* (pflanzliche Nahrungsfasern), Apfelfasern.

Aufbewahrung

Biocarottin Instant gut verschliessen, kühl und trocken lagern (<18 °C).

Nährwerte

100 g Biocarottin Instant enthalten: Energiewert: 1'450 kJ (347 kcal), Eiweiss: 6 g, Kohlenhydrate: 77 g, Fett: 1 g, Beta-Carotin: 49,2 mg

Erhältlich in Packungen zu 100 g.

Biocarottin Konzentrat

Karottensaft-Konzentrat

Biocarottin Konzentrat aus biologisch angebauten Karotten enthält natürliche Mineralstoffe und Vitamine, hauptsächlich Beta-Carotin (Provitamin A). Beta-Carotine haben einen günstigen Einfluss auf die Sehkraft der Augen, die Haut und wirken im Sommer als Radikalfänger. Auch die Darmflora wird günstig beeinflusst und die Infektionsabwehr wird gefördert. Während der Schwangerschaft und Stillzeit besteht ein erhöhter Bedarf an Vitaminen und Mineralstoffen. Biocarottin ist auch für Kinder und Kleinkinder gut geeignet und somit eine wertvolle Nahrungsergänzung für Jung und Alt.

Anwendung

Erwachsene nehmen 2-mal täglich 1 Teelöffel voll, Kinder die Hälfte. Biocarottin mit etwas Fetthaltigem einnehmen und nicht erhitzen: z.B. in Joghurt, Milch, Müesli, Salatsaucen oder als Brotaufstrich.

Zutaten

Karottensaft-Konzentrat aus kontrolliert biologischem Anbau (Bio Suisse).

Aufbewahrung

Biocarottin Konzentrat gut verschliessen und kühl lagern (<18 °C).

Nährwerte

100 g Biocarottin Konzentrat enthalten: Energiewert: 1'170 kJ (280 kcal), Eiweiss: 5 g, Kohlenhydrate: 63 g, Fett: 0,5 g, Beta-Carotin: 46,2 mg

Erhältlich in Packungen zu 220 g.

*aus kontrolliert biologischem Anbau

bioSnacky®
Sprossen und Keime

bioSnacky® Keime und Sprossen lassen sich ganz einfach selbst ziehen mit den bioSnacky® Keimgeräten. Sie bescheren ein immer wiederkehrendes Natur- und Genusserlebnis für die ganze Familie. Aus einem kleinen, unscheinbaren bioSnacky® Samen entwickeln sich lebensfrische Sprossen und Keimlinge, die uns als Nahrung und Vitalitätsspender dienen und Geschmackserlebnisse in Hülle und Fülle bieten. In den bioSnacky® Sprossen und Keimlingen sind in einzigartiger Konzentration hochwertige Enzyme, Proteine, Mineralstoffe, Spurenelemente und natürliche Vitamine enthalten. Dazu kommen wertvolle Nahrungsfasern, die den Darm gesund erhalten und für eine geregelte Verdauung sorgen.

Anwendung
Den Anwendungsmöglichkeiten in der kalten und warmen Küche sind keine Grenzen gesetzt.
Je nach Sorte variiert die Keimdauer von 2 bis 8 Tagen. Die Sprossen können teilweise bis zum Grünkraut gezogen und dann genossen werden.

bioSnacky® Keime und Sprossen sind aus kontrolliert biologischem Anbau (EG-ÖKO-VO 2092/91), unbehandelt, frei von Zusatzstoffen und Gentechnik.

Einzelsaaten

Alfalfa: Kraftnahrung mit mild-herbem Geschmack, knackig.
Erhältlich in Packungen zu 40 g und 200 g.

Bockshornklee: leicht scharfe Sprossen mit Curry-Geschmack.
Erhältlich in Packungen zu 200 g.

Kresse: der pikante Klassiker für Salate.
Erhältlich in Packungen zu 40 g und 200 g.

Linsen: leicht süss, mild und knackig. Erhältlich in Packungen zu 200 g (nur in D)

Radieschen: kräftig-würziger Geschmack.
Erhältlich in Packungen zu 40 g.

Mungbohnen: grüne Sojabohne mit mild-aromatischem Geschmack. Erhältlich in Packungen zu 40 g und 200 g.

Weizen: milde Sprossen, die bis zum Grünkraut gezogen werden können.
Erhältlich in Packungen zu 200 g.

Rotklee: Rotklee enthält pflanzliche Östrogene, die z.B. Wechseljahresbeschwerden verringern können.
Erhältlich in Packungen zu 150 g.

Saaten-Mischungen

Fitness-Mischung: Mischung aus Rettich, Mungbohnen und Weizen, leicht-pikant.
Erhältlich in Packungen zu 40 g und 200 g.

Gourmet-Mischung: Mischung aus Quinoa, Rettich und Linsen, mild-aromatisch.
Erhältlich in Packungen zu 40 g und 200 g.

Pikant-aromatische Mischung: Mischung aus Mungbohnen und Radieschen, pikant.
Erhältlich in Packungen zu 40 g und 200 g.

Mild-aromatische Mischung: Mischung aus Linsen, Mungbohnen und Rettich, fein, leicht, süss.
Erhältlich in Packungen zu 40 g und 200 g.

Wellness-Mischung Mischung aus Rotklee, Rettich, Mungbohnen und Linsen, feiner Geschmack.
Erhältlich in Packungen zu 200 g.

Starterpackung assortiert 5 x 40 g: (Mungbohne, Alfalfa, Radieschen, Fitness-Mischung, Mild-aromantische Mischung).

Aufbewahrung:
Kühl, trocken und vor Licht geschützt lagern.

bioSnacky® Geräte

bioSnacky® Keime und Sprossen lassen sich ganz einfach selbst ziehen mit den bioSnacky® Keimgeräten. Sie bescheren ein immer wiederkehrendes Natur- und Genusserlebnis für die ganze Familie. Aus einem kleinen, unscheinbaren bioSnacky® Samen entwickeln sich lebensfrische Sprossen und Keimlinge, die uns einerseits als Nahrung und Vitalitätsspender dienen und andererseits Geschmackserlebnis in Hülle und Fülle bieten.

Anwendung

bioSnacky® Keimglas

Das supereinfache Starter-Gerät für den kleineren Haushalt.
Nicht geeignet zum Ziehen von Kresse.

bioSnacky® Keimli

Ideal zur Aufzucht von Kresse und zum Ziehen von Grünkraut. Auch für den kleineren Haushalt geeignet, da nur 1 Etage.

bioSnacky® Keimgerät Original

Der Klassiker für Sprossenfreaks, zum Ziehen von allen Keimen und Sprossen auf 3 Etagen. Nicht geeignet zum Ziehen von Grünkraut.

bioSnacky® Sprossengarten

Das Familiengerät auf 3 Etagen mit der runden Deckelkuppel, ideal auch zur Aufzucht von Weizengras und Grünkraut.

Kombipack:

Keimglas / Starterpackung (1 Glas / 5 x 40 g Saaten).

Vliespapier

Für feines Saatgut zum Abdecken der Etagen.

In der Schweiz erhältlich im Lebensmittelhandel, in Reformhäusern, Drogerien und zum Teil auch in Apotheken. In Deutschland erhältlich in Reformhäusern und Naturkostgeschäften.

Molkosan®

Molkenmischerzeugnis (Milchserum-Konzentrat)

Molkosan® wird durch milchsaure Vergärung aus Molke gewonnen. Es ist praktisch frei von Eiweiss und Fett. Der weitaus grösste Teil (ca. 80%) der Gesamtmilchsäure liegt in Form der physiologischen L(+)-Milchsäure vor; nur diese kann direkt in den menschlichen Stoffwechsel eingeschleust werden. Auch die wertvollen Mineralstoffe (Calcium, Kalium) der Molke sind in Molkosan® enthalten.

Anwendung innerlich:

Molkosan® 1:10 verdünnt mit Wasser, Kräutertees (z.B. Brennnessel- oder Lindenblütentee), Frucht- oder Gemüsesäften ergibt ein erfrischendes, wohlschmeckendes und gesundes Getränk. Molkosan® aktiviert und reguliert den Stoffwechsel, unterstützt eine gesunde Darmflora, fördert die Entschlackung und ein basisches Milieu im Körper. 2–3 x täglich 30 ml Molkosan 1:10 verdünnt einnehmen.

Äusserlich:

für Bäder und Waschungen Molkosan® 1:30 mit Wasser verdünnen.

Zutaten

Molkenerzeugnis (Milchserum-Konzentrat 2,2-fach), Säuerungsmittel: Milchsäure, Malzextrakt.

Nährwerte

100 ml Molkosan® (unverdünnt) enthält: Energiewert: 190 kJ (45 kcal), Eiweiss: 0,5 g, Kohlenhydrate: 5,6 g, Fett: < 0,5 g.

Aufbewahrung

Nach Anbruch kühl lagern!

Erhältlich in Flaschen zu 200 ml, 500 ml und (nur in D) 1'000 ml.

Molkosan® Vitality

Mit Grüntee-Extrakt und Orangen-Aroma

Zur Herstellung von Molkosan Vitality wird milchsauer vergorene Süssmolke mit Maisdextrin versetzt und getrocknet. Es zeichnet sich durch einen hohen Anteil an L(+)-Milchsäure und Ballaststoffen aus. Die Zugabe von Grüntee-Extrakt und Orangen-Aroma verleiht Molkosan Vitality einen erfrischenden Geschmack.

Was kann Molkosan Vitality für Sie tun?

- Ihre Verdauung wird durch den hohen Anteil an Ballaststoffen auf natürliche Weise unterstützt.
- Ihre Darmflora wird durch die L(+)-Milchsäure günstig beeinflusst.

Zutaten

Nahrungsfasern (Ballaststoffe): Maisdextrin (64,5%), milchsaures, konzentriertes Molkenpermeat (26,6%, davon L+Milchsäure 8,8%), Säuerungsmittel (2,2% L+Milchsäure), Fructose (3,7%), Orangenaroma (1,8%), Grüntee-Extrakt (1,2%)

Nährwerte

200 ml Fertiggetränk (11 g Molkosan Vitality) enthalten: Energiewert: 92 kJ (22 kcal), Eiweiss: 0,1 g, Kohlenhydrate: 5,0 g, Fett: <0,1 g, Ballaststoffe: 4,0 g, Natrium: <0,1 g.

- Ihr Säure-Basen-Haushalt wird durch Molkosan® Vitality ideal unterstützt.
- Grüntee enthält wertvolle natürliche Antioxidantien und Bitterstoffe. Antioxidantien können Ihr Immunsystem stärken.
- Bitterstoffe beeinflussen Ihre Verdauung positiv. Molkosan® Vitality mit Grüntee-Extrakt und Orangen-Aroma ist ein erfrischendes und bekömmliches Getränk - ob zu Hause, unterwegs oder auf Reisen.

Anwendung

Zwei gehäufte Kaffeelöffel (11 g) in 200 ml kaltes Wasser geben, gut aufrühren und 1x täglich geniessen.

Für Diabetiker geeignet!

Aufbewahrung

Dose: Geöffnete Dose gut verschlossen und trocken aufbewahren. Innerhalb von 45 Tagen aufbrauchen.

Erhältlich in Dosen zu 275 g (25 Port.)

Naturreis (Vollkornreis)

Das Reiskorn hat zwei Schalen: die harte Hülse, die nach der Ernte entfernt wird, und die sogenannte Silberhaut. A.Vogel Naturreis verfügt über den lebensfähigen Keim und ist noch vom Silberhäutchen umgeben. Damit beinhaltet er ernährungsphysiologisch wertvolle Nahrungsfasern, Mineralstoffe und B-Vitamine.

- Er ist naturbelassen, also nicht poliert.
- Er wird kontrolliert biologisch angebaut und enthält keine Pestizidrückstände.
- Er enthält 2 bis 6-mal mehr Vitamine als weisser Reis.

Zubereitung

Für Risotto 2 gehackte Zwiebeln in etwas Öl andünsten, 200 bis 300 g Naturreis mit 700 ml Wasser, 2 Plantaforce-Würfeln und 1 Lorbeerblatt auf niedriger Hitze ca. 30 Min. weich kochen. Nach Belieben frische oder eingeweichte Steinpilze dazugeben.

Zutaten

Naturreis aus kontrolliert biologischem Anbau (ECOCERT Frankreich).

Nährwerte

100 g A.Vogel Naturreis enthalten:
Energiewert: 1'500 kJ (359 kcal), Eiweiss: 7 g, Kohlenhydrate: 76 g, Fett: 2,5 g

Erhältlich in Packungen zu 1'000 g.

In der Schweiz erhältlich im Lebensmittelhandel, in Reformhäusern, Drogerien und zum Teil auch in Apotheken. In Deutschland nicht erhältlich.

Genussvolle Nachrichten
für Ihre Gesundheit!

› Abonnieren Sie jetzt die «Gesundheits-Nachrichten». Gehören auch Sie zu den rund 100'000 Leserinnen und Lesern der Zeitschrift von A.Vogel! Lesen Sie jeden Monat einen bunten Themenstrauss rund um die Naturheilkunde, natürliche Heilmittel und gesunde Ernährung. Hilfreich, informativ, genussvoll und garantiert ohne Nebenwirkungen.

› 11 Ausgaben pro Jahr:
CHF 39.– | Euro 25.–

In der Schweiz:
Verlag A.Vogel AG
Postfach 63
9053 Teufen AR
Tel. 071 335 66 66
Fax 071 335 66 88

In Deutschland:
Verlag A.Vogel
Postfach 55
78441 Konstanz
Tel. 075 33 40 35
Fax 075 33 93 01 30

Besuchen Sie uns auf **www.avogel.ch** oder **www.avogel.de** und abonnieren Sie den kostenlosen E-Mail-Newsletter.

A.Vogel

Pionier der Naturheilkunde
– seit 1923

A. Vogel